알프레드 아들러,

교육을 말하다

알프레드 아들러, 교육을 말하다

초판 1쇄 발행	2015년 3월 31일
3쇄 발행	2017년 10월 25일

원제	Kindererziehung
지은이	알프레드 아들러
옮긴이	김세영
펴낸이	정명진
디자인	정다희
펴낸곳	도서출판 부글북스
등록번호	제300-2005-150호
등록일자	2005년 9월 2일

주소	서울시 노원구 공릉로63길 14, 101동 203호(하계동, 청구빌라)
	(139-872)
전화	02-948-7289
팩스	02-948-7269
전자우편	00123korea@hanmail.net

ISBN	978-89-92307-94-9 03180

알프레드 아들러,
교육을 말하다

용기 있는 아이로 키우는 법
Kindererziehung

알프레드 아들러의 재발견

'개인 심리학'(독어로 Individualpsychologie)이라는 명칭 자체가 다소 혼란을 일으킬 것 같다. 그 이름만으로는 개인 심리학이 사회적 바탕을 크게 강조한다는 점을 떠올리기가 쉽지 않다. 명칭이 주는 인상과 달리, 아들러의 개인 심리학은 개인 심리학 못지않게 사회 심리학이기도 하다. 개인의 '불가분성(不可分性)'을 특별히 강조하기 위해 그런 이름을 붙였다고 보면 된다. 어떤 사람의 성격을 파악할 때에는 그 사람이 살아온 역사 처음부터 끝까지 두루 펼쳐 보아야 한다는 뜻이다. 이때 그 사람에게 영향을 미치는 환경까지 살펴야 함은 말할 필요조차 없다. 이 환경도 개인 심리학에서는 그 사람 본인의 개인적 목표에서부터 육체적 및 정신적 건강, 가족 내의 위치, 형제 서열, 가족의 경제사정, 부모의 교육 수준까지 아주 세세하게 분석된다. 당연히 분석은 사회적 맥락 안에서 이뤄진다. 그래서 아들러는 생전에 개인 고객들뿐만 아니라 가족과 학교 등을 위해서도 많은 노력을 폈다.

이런 노력을 보여주는 대표적인 예가 1920년대에 아들러가 오스트리아 빈에 세운 교육학 연구소(Päedagogische Institut)이다. 빈의 교사 600명 이상이 여기서 심리학을 배웠다. 1927년에는 빈의 초등학교와 중학교, 특수학교에서 일할 교사의 자격은 이 과정을 이수한 선생들에게만 주어지기도 했다. 이때 아들러가 제시한 모토는 "누구나 무엇이든 배울 수 있다"는 것이었다. 노력만 하면 성격을 개선시키지 못할 아이나 성인은 있을 수 없다는 입장이었다. 이 연구소에서 선생들을 대상으로 강연한 내용이 『알프레드 아들러, 교육을 말하다』(원제 Kindererziehung. 1929년 출간)에 많이 담겨 있다.

아들러가 개인 심리학을 통해 주장하는 바는 철학적이면서도 상식을 크게 벗어나지 않는다. 우선, 한 개인의 발달 과정은 이 우주에서 유일하다는 주장이 눈에 띈다. 개인의 발달이 객관적인 사실들을 바탕으로 이뤄지지 않고 객관적인 사실에 대한 개인의 주관적 해석을 바탕으로 이뤄지기 때문이다. 그러기에 아이를 교육시키는 방법도 아이마다 다 달라야 한다.

또 개인은 하나의 단위로 움직인다는 견해도 설득력을 발휘한다. 말하자면 어떤 사람의 생각과 감정, 행동, 꿈, 기억은 물론이고 생리작용까지도 같은 방향을 향한다는 것이다. 개인이 하나의 시스템처럼 움직이는 이 같은 현상을 아들러는 성격의 통일성이라고 불렀다. 따라서 사람을 제대로 이해하기 위해선 당연히 그 사람의 전체를 볼 수 있어야 한다.

이렇듯 인간 본성에 관한 아들러의 이론은 통합적이고 전체적이다. 또 삶을 대하는 시각이 대단히 낙관적이고 인간적이다.

사회에 대한 관심을 적절히 키우면 인류에 대한 소속감이 생겨나고, 따라서 다른 사람과 깊이 공감할 수 있게 된다는 관점이 개인주의가 극심한 현대에 큰 울림을 준다. 개인은 가족과 친구, 공동체 등과 깊이 연결되어 있으며, 이 연결은 당연히 다른 동물과 식물, 심지어 무생물로까지 확장되어야 한다는 것이 아들러의 주장이다. 개인은 우주 전체와 연결되어 있다는 뜻이다. 이 연결성을 제대로 이해하고 느낀다면, 전쟁이나 편견, 박해, 차별 등 이기심이 일으키는 많은 문제들이 해결된다는 것이 아들러의 지론이다.

아들러의 이론은 아이들의 성장과 발달에 특별히 잘 적용되는 것으로 심리학계에서 통하고 있다. 일본과 한국에 아들러 심리학 바람을 일으킨 기시미 이치로도 한 인터뷰에서 자녀 교육을 위해 아들러 심리학을 접하게 되었다고 밝힌 바 있다.

아들러가 아이들을 위한 교육과 관련해 부모와 교사에게 던지는 메시지는 아주 간단하다. 아이에게 용기를 불어넣어주고 사회적 감정을 키우도록 이끌면 문제가 저절로 해결된다는 식이다. 자신만 아니라 남도 의식하며 동시에 어떤 문제든 똑바로 직시할 용기를 갖고 있는 아이는 건전하게 성장하지 않을 수 없다는 견해다. 아들러는 "행동이 바르지 않거나 정상에서 벗어난 아이들은 틀림없이 낙담한 아이"라는 점을 강조한다. 아이들이 낙담하지 않도록 이끄는 최고의 방법은 아이들이 스스로 소중하고, 의미 있고, 능력 있는 존재라고 느낄 수 있도록 도와주는 것이다. 말은 쉽지만 심리학적 지식이 부족한 탓에 제대로 실천하기는 무척 어려운 가르침이다. 그러나 역사적으로 유명한 인물들을 보면 이 이론을 뒷받침하는 예들이 많다. 미국 대통령을 지낸 시어도어 루스벨트도 그런 예에 속한다.

지적이고 강건하고 경제적으로 넉넉한 부모를 둔 루스벨트는 당연히 이상적인 아이로 커갈 것으로 예상되었다. 그러나 어린 루스벨트는 이런 기대를 완전히 저버렸다. 감기를 달고 살았으며 천식과 구토, 설사로 힘들어했다. 체구도 작고 약했다. 천식 때문에 의자에 앉아서 자야 하는 경우도 있었다. 그래도 소년 루스벨트는 호기심이 많고 활동적인 아이였다. 가족과 함께 유럽을 여행한 뒤로 루스벨트의 건강이 더 나빠졌다. 그러자 루스벨트의 아버지는 주치의의 의견을 받아들여 아들이 역기를 들도록 격려했다. 루스벨트의 나이 열두 살 때의 일이다. 루스벨트는 가족의 응원을 받으며 다른 일에서와 마찬가지로 역기 운동도 열심히 했다. 그 덕에 루스벨트는 건강을 회복할 수 있었다. 이제 한 달 동안 천식을 한번도 앓지 않는 경우도 있게 되었다. 그러다 열세 살 때 혼자 시골을 여행하다가 또래 아이들의 공격을 받아 혼이 난 적이 있었다. 그 길로 루스벨트는 아버지에게 복싱을 배우겠다는 뜻을 밝혔고, 그의 아버지는 그러는 아들에게 용기를 북돋워주었다. 하버드에 들어갈 때, 루스벨트는 아주 건장한 청년이 되어 있었다.

그렇다면 병약했던 루스벨트가 아주 튼튼한 청년으로 성장하게 만든 그 욕구는 루스벨트에게만 있는 것일까? 이 같은 물음에 대해 아들러는 우리 모두의 내면에 그런 욕구가 있다고 주장한다.

아들러는 지그문트 프로이트, 칼 융과 함께 정신분석 분야를 개척한 인물로 평가받는다. 그러나 성적 충동을 강조한 프로이트니 신화 등을 동원하며 자신의 이론을 독특하게 제시한 융과 달리, 상식적인 이야기를 들려주는 것 같은 아들러의 이론은 당시에 학계에 매우 흥미롭다는 인상을 남기지는 못했다. 게다가 아들러가 1937년에 강연 등을 위해 3주 예정으로 애버딘 대학을 방문하던 중에 심장마비를 일으켜 사망함에 따라, 그의 개인 심리학도 더 이상 확산되지 못하고 말았다.

그러다 성격이론가들을 중심으로 아들러의 이론이 서서히 인기를 얻기 시작했다. 에이브러햄 매슬로의 경우에는 나이가 들어갈수록 아들러의 이론이 더욱더 절실하게 다가온다고 말하기도 했다. 1940년대에 인간 중심의 치료를 개발해 유명해진 칼 로저스의 이론에서도 아들러의 영향력이 강하게 느껴진다. 신(新)프로이트 학파로 분류되는 카렌 호나이와 에리히 프롬, 해리 설리번 등은 '신아들러 학파'라 불리어도 전혀 어색하지 않을 정도이다. 물리학자 알렉산더 뮐러(Alexander M ller)는 아들러의 심리학을 두고 "철학적 인간학"(philosophical anthropology)이라고 불렀으며, 다른 학문들을 끌어들이는 핵심이 될 것이라고 예측했다. 그러면서 "아들러는 아직 완전히 이해되지 못하고 있다. 아들러는 뿌리부터 다시 재발견되어야 한다."고 말했다.

그 후 1990년대 들어 유럽과 미국에서 아들러를 재평가하는 작업이 본격 진행되기에 이르렀다. 아마 모든 주제에 통합적 시각에서 접근하려던 지적 분위기의 영향이 컸을 것이다. 살아 있는 모든 존재들은 서로 연결되어 있다는 아들러의 견해가 인류학자와 생물학자, 물리학자들의 발견으로 뒷받침되는 것으로 여겨졌다. 아들러의 라이프스타일은 물리학의 홀로그램 개념과 비슷한 것으로 여겨졌다. 개인의 모든 움직임을 같은 방향으로 향하게 한다는 개인의 목표는 카오스 이론의 '기묘한 끌개'(strange attractor)와 비슷한 것으로 받아들여졌다. 아들러는 인생의 방향을 선택하고 바꿀 자유와 개인의 창조력을 믿었는데, 이는 '자생(自生)'(autopoesis)이라는 생물학적 과정과 비슷한 것으로 해석되었다. 이 같은 재평가 작업은 아들러의 유골을 고향으로 찾아오는 행사로 절정을 이뤘다. 타계 당시 화장되었던 아들러의 유골은 2011년에 스코틀랜드 에든버러의 화장장에서 발견되어 고향 빈의 묘지에 안장되었다. 70여 년 만의 귀향이었다.

아들러의 심리학이 지금 새삼 각광을 받고 있는 것은 어쩌면 무서울 정도로 팽배한 이기주의에 대한 반성일지도 모른다. 그렇다면 어떠한 문제든 잘못을 바로잡으려면 그 뿌리부터 건드려야 한다는 아들러의 주장까지 받아들여 아이들에 대한 교육부터 먼저 고민해 보면 어떨까? 교육제도나 사회 분위기가 그런 방향으로 바뀔 때까지 기다리고 있을 필요도 없다. 아들러가 추구한 아동 교육은 가정에서 가장 충실하게 실천될 수 있는 내용이기 때문이다.

차례

1장

개인 심리학이란?

심리학적 관점에서 보면, 성인의 경우에 교육 문제는 곧 자기 자신에 대한 지식의 확대와 자발성의 문제로 압축된다. 당연히 아이들의 교육에도 이와 똑같은 방식으로 접근할 수 있다. 그러나 성인의 교육과 아이들의 교육 사이에는 중요한 차이점이 한 가지 있다. 아이들을 대상으로 한 교육의 경우에는 아이들이 아직 성숙하지 않은 상태이기 때문에 지도가 대단히 중요하다는 점이다. 물론 성인의 교육에도 지도의 문제가 전혀 없는 것은 아니지만, 그래도 아이들의 교육에 비하면 그 중요성이 크게 떨어진다.

아이들이 스스로 발달하도록 내버려두길 원한다면, 물론 그렇게 할 수도 있다. 그러나 그런 식이라면 아마 아이들이 성인 수준의 지식과 지혜를 얻는 데 엄청나게 오랜 시간이 걸릴 것이다. 그것도 아이 스스로 발달을 꾀할 수 있는 환경이 조성되어야만 가능할 것이다. 그러기에 아이의 발달을 순전히 아이 본인에게만 맡기는 교육 방법은 당연히 바람직하지 않다. 반드시 성인이 아이의 발달을 이끌어 줘야 한다.

아주 큰 어려움은 바로 무지이다. 성인이 자기 자신을 알고 또 자신의 감정과 자신이 뭔가를 좋아하고 싫어하는 이유를 아는 것도 아주 힘든 일이다. 다시 말해, 성인이 자신의 심리를 아는 것도 무척 어려운 일이다. 그렇기 때문에 어른이 아이들을 제대로 이해하고 또 적절한 지식을 바탕으로 아이들을 잘 가르치는 것은 이중으로 힘든 일이 된다.

개인 심리학은 특별히 아이들의 심리에 많은 관심을 기울이고 있다. 두 가지 이유에서다. 아이들의 심리 자체도 중요할 뿐만 아니라, 아이들의 심리가 어른들의 성격적 특질과 행동을 설명해주기 때문이기도 하다. 개인 심리학은 다른 심리학적 접근과 달리 이론과 실천 사이에 어떠한 간극도 허용하지 않는다. 개인 심리학은 성격의 통일성을 강조하는 가운데 성격이 발달하고 표출되는 그 역동적인 과정을 연구한다.

이런 관점에서 본다면, 과학적 지식은 이미 실용적인 지혜이다. 왜냐하면 지식 자체가 실수들을 바탕으로 한 것이기 때문이다. 이 지식을 가진 사람은 누구나 자신이나 타인의 성격 형성을 돕는 일에 그것을 실용적으로 적용할 수 있다.

개인 심리학의 원칙들은 그 독특한 접근 방식 때문에 서로 하나로 연결되면서 유기적인 통일체를 이루고 있다. 개인 심리학은 어떤 사

람의 행동을 그 사람의 성격의 통일성에서 벗어나지 않는 것으로 본
다. 그렇기 때문에 개인 심리학이 인간 행동과 관련해 제시하는 모
든 주장은 정신 활동에 나타나는, 행동과 성격의 상호관계와 밀접한
관련이 있다. 따라서 이 장에서는 개인 심리학의 관점이 대략적으로
제시될 것이다. 이 장에서 제기되는 다양한 문제들은 이어지는 여러
개의 장에서 더욱 세세하게 논의될 것이다.

성격의 통일성

인간의 발달에서 근본적으로 중요한 사실은 정신이 어떤 목표를
추구하려고 역동적으로 노력한다는 점이다. 아이는 유년기 초기부
터 발달을 꾀하려고 끊임없이 노력한다. 이 노력은 위대함과 완벽과
우월을 성취하겠다는 목표에 따른 것인데, 이 목표는 무의식적으로
형성되고 또 아이의 내면에 언제나 존재하고 있다. 이 같은 노력, 즉
목표를 이루려는 노력은 물론 인간의 특별한 기능인 사고력과 상상
력을 반영하는 것이며 평생 동안 그 사람의 행동을 지배하게 된다.
아니, 그 사람의 사고까지 지배하게 된다. 왜냐하면 사람들이 객관
적으로 생각하지 않고 각자가 설정한 목표와 라이프스타일에 맞춰
생각하기 때문이다.

따라서 사람이 존재한다는 사실 그 자체에 이미 성격의 통일성이
내재되어 있다고 볼 수 있다. 각 개인은 성격의 통일성을 보여줄 뿐
만 아니라 그 통일성도 저마다 다 독특하게 이뤄졌다는 사실까지 보
여준다. 그래서 각 개인은 한 폭의 그림이자 그 그림을 그린 화가이

기도 하다. 말하자면 우리 모두는 자신의 성격을 그리는 화가인 것이다. 그러나 화가로서 개인은 실수를 전혀 저지르지 않는 예술가가 절대로 아니다. 또 영혼과 육체를 완벽하게 이해하는 사람도 아니다. 오히려 사람은 허약하고 또 실수를 곧잘 저지르는 불완전한 존재이다.

성격의 형성을 고려할 때 반드시 주의를 기울여야 할 결함이 하나 있다. 바로 성격의 통일성, 즉 성격의 특별한 양식과 목표가 객관적인 현실을 바탕으로 구축되는 것이 아니고 그 사람이 삶의 사실들을 받아들이는 주관적 관점을 바탕으로 구축된다는 점이다. 어떤 생각, 즉 어떤 사실에 대한 견해는 절대로 사실 자체는 아니다. 인간이 모두 똑같은 사실들이 일어나고 있는 똑같은 세상에 살고 있는데도 다다른 모습으로 다듬어지는 이유가 바로 거기에 있다.

각 인간 존재는 사물들을 보는 견해에 따라 스스로를 다듬어 나간다. 그런데 그 견해 중 일부는 더 건전하고 일부는 덜 건전하다. 한 인간의 발달에 반드시 영향을 미치게 되어 있는 개인적인 실수와 잘못이 반드시 고려되어야 한다. 특히 어린 시절 초기에 일어난 그릇된 해석은 반드시 고려되어야 한다. 왜냐하면 이 그릇된 해석이 그 사람의 존재 양식을 지배하게 되기 때문이다.

이를 잘 보여주는 구체적인 예를 하나 제시하고 싶다. 52세인 어느 여성은 자기보다 나이가 많은 여자를 보면 어김없이 험담을 한다. 그녀는 아주 어릴 적에 주위의 관심을 독차지하던 언니 때문에 자신이 늘 수치심에 시달렸고 무시당하는 느낌에 괴로워했다고 털어놓았다. 개인 심리학의 포괄적인 관점에서 이 환자를 분석한다면, 그녀의 삶이 시작되던 때에나 지금, 그러니까 삶의 후반으로 접어든 때에나 똑같이 작동하고 있는 어떤 메커니즘이 보인다. 이 여자 환자의 삶에는 언제나 무시당하지 않을까 하는 두려움이 작용하고 있으며, 또 다른 사람들이 사랑을 더 많이 받거나 호감을 더 많이 산다는 사실을 확인하는 데 따르는 분노와 짜증도 작용하고 있다.

이 여성의 삶에 대해 이 같은 사실 외에는 아무것도 모르고 또 그녀의 성격의 특별한 통일성에 대해 아무것도 모른다 하더라도, 이 두 가지 주어진 사실만을 바탕으로 우리는 그녀에 대한 지식에 생긴 틈을 거의 다 메울 수 있다. 여기서 심리학자는 마치 소설가처럼 작업을 벌이고 있다. 말하자면 뚜렷한 행동 방침과 라이프스타일을, 즉 어떤 행동 패턴을 가진 한 사람의 인간 존재를 구상하면서 성격의 통일성을 해치지 않도록 신경을 써야 하는 소설가의 작업을 연상시킨다는 뜻이다. 훌륭한 심리학자라면 이 여성이 현실의 구체적인 상황에서 어떤 식으로 행동할 것인지를 충분히 예측할 수 있다. 또 그녀가 그런 식으로 특별하게 행동하게 하는 성격적 특질도 명쾌하게 묘사할 수 있을 것이다.

열등감

개인의 성격 구축에 결정적 영향을 미치는 목표의 설정은 또 다른 중요한 심리적 사실을 전제로 하고 있다. 바로 열등감이다. 모든 아이는 열등감을 갖게 되어 있다. 이 열등감이 아이의 상상력을 자극하고 또 열등감을 없애기 위해 상황을 향상시키는 방향으로 노력하도록 만든다. 아이가 자신의 상황을 향상시키면, 열등감이 누그러진다. 심리학적 관점에서 본다면, 열등감의 약화는 하나의 보상으로 여겨질 수 있다.

열등감과 심리적 보상의 메커니즘과 관련해 알아둬야 할 중요한 사실은 이 메커니즘이 잘못을 저지를 가능성을 활짝 연다는 점이다. 열등감은 객관적인 성취를 자극할 수 있는 한편 심리적 조정을 야기할 수도 있다. 열등감이 심리적 조정을 야기할 경우에는 개인이 생각하는 현실과 객관적인 현실 사이에 간극이 더욱 벌어지게 될 것이다. 아니면 열등감이 너무 비참하게 느껴지는 탓에 그것을 극복하는 유일한 길이 심리적 보상을 안겨줄 특질을 발달시키는 것밖에 없을 수도 있다. 이런 특질이 발달하게 되면, 그 상황은 절대로 극복되지 않을 것이다. 오히려 그 상황은 심리적으로 반드시 필요하고 또 불가피한 것으로 여겨질 것이다.

예를 들면, 보상적인 성격적 특질이 발달하고 있음을 보여주는 아이들은 세 부류이다. 불완전한 신체기관을 갖고 태어나서 몸이 허약한 아이들이 있고, 애정을 전혀 받지 못하는 가운데 가혹하게 키워지는 아이들이 있고, 귀여움을 지나치게 많이 받고 응석을 부리며 자라는 아이들이 있다.

이들 세 부류의 아이들을 바탕으로 정상적인 유형의 아이들이 발달해 가는 과정을 연구하고 이해하는 것도 가능하다. 모든 아이가 다 장애를 갖고 태어나지는 않는다. 그런데도 허약한 신체기관을 갖고 있거나 육체적 어려움에 처한 아이가 보일 법한 심리적 특징을 어느 정도 보이는 아이들이 아주 많다는 사실은 정말 놀랍다. 응석받이 아이나 미움을 받은 아이로 분류되는 아이들에 대해 말하자면, 이런 아이들 중 거의 모두가 허약한 신체기관을 가진 아이에게 나타날 법한 심리적 특징을 다소 보인다. 이런 아이들의 심리적 특징의 원형은 신체적 장애를 가진 아이들을 통해서 연구될 수 있다.

이 3가지 중요한 상황은 모두 열등감을 낳으며, 또 그런 상황에 대한 반작용으로 아이들은 인간적인 범위를 벗어나는 야망을 품기도 한다. 열등감과 우월에 대한 욕구는 인간의 삶에 늘 나타나고 있는 근본적인 어떤 사실의 두 가지 양상에 지나지 않으며, 따라서 두 가지를 분리하는 것은 불가능하다. 병적인 상황에서, 과도한 열등감과 우월을 위한 과도한 노력 중에서 어느 것이 더 나쁜지를 말하기는 어렵다. 과도한 열등감과 우월 욕구는 거의 언제나 동시에 일어나는 경향을 보인다.

아이들의 예에서 우리는 과도한 열등감에서 생긴 부적절한 야망을 발견한다. 그런데 이런 야망은 아이의 영혼에 독으로 작용한다. 아이가 영원히 만족할 줄 모르도록 만드는 것이다. 이 불만은 유익한 활동을 자극하는 그런 불만이 아니다. 이 불만은 무익하다. 터무니없는 야망에 의해 일어나기 때문이다. 이 야망이 성격적 특질과 개인적인 버릇으로 굳어질 수 있다. 이 야망은 마치 영원한 자극제처럼 작용하면서 개인이 상처를 입지 않고 또 짓밟히지 않기 위해 아주 민감하게 굴도록 만들고 또 언제나 경계하도록 만든다.

이런 천성을 가진 유형의 사람들은 능력을 제대로 발휘하지 못하고 썩히는 그런 어른으로 성장한다. 말하자면 신경질적이거나 괴팍한 사람이 된다는 뜻이다. 개인 심리학의 기록을 보면, 이런 사람들에 관한 이야기로 넘쳐나고 있다. 이런 유형의 사람은 자신의 천성에 지나치게 휘둘릴 경우에 무책임하고 범죄적인 성향이 강한 사람으로 타락하고 만다. 왜냐하면 그들이 오직 자기 자신만을 생각하고 남을 생각하지 않기 때문이다. 이들의 이기주의는 도덕적으로나 심리적으로나 절대적이다. 이들 중 일부는 현실과 객관적인 사실들을 피하면서 자신만의 세계를 새로이 구축한다. 마치 공상과 상상의 세계가 현실인 것처럼 착각하면서, 이들은 마침내 심리적 평화를 이루는 데 성공한다. 마음속에 나름대로 현실을 구축함으로써 현실과 정신을 조화시키는 것이다.

사회적 감정

성격의 발달이 이런 식으로 이뤄지는 동안에, 심리학자와 부모가 지켜봐야 할 것은 바로 아이가 드러내는 사회적 감정이다. 사회적 감정은 정상적인 성격 발달에 결정적으로 중요한 요소이다. 사회적 감정 즉 공동체적 감정의 약화를 낳는 모든 장애는 아이의 정신적 성장에 대단히 해로운 영향을 미친다. 사회적 감정은 곧 그 아이가 정상적으로 성장하고 있는지 여부를 알려주는 바로미터이다.

개인 심리학은 바로 이 사회적 감정이라는 원칙을 바탕으로 아이들을 교육시키는 기술을 개발했다. 부모나 보호자는 아이가 오직 한 사람에게만 매달리는 것을 보고도 그냥 내버려 두면 안 된다. 만약 아이에게 한 사람에게만 집착하는 것이 허용된다면, 그 아이는 훗날의 삶에 대한 준비를 제대로 하지 못할 것이다.

아이의 사회적 감정이 어느 정도인지를 파악하는 한 좋은 방법은 학교에 입학할 때 아이를 유심히 관찰하는 것이다. 아이는 학교에 들어가면서 인생 초기에 겪어야 하는 시련 하나를 직면한다. 아이에게 학교는 완전히 새로운 상황이다. 이때 아이는 새로운 상황을 받아들일 준비가 어느 정도 잘 되어 있는지, 특히 새로운 사람들을 만날 준비가 어느 정도 잘 되어 있는지를 고스란히 보여준다.

어른들 중에 학창시절을 되돌아보면서 악몽으로 기억하는 사람들이 많다. 이 같은 사실은 아이들이 학교에 들어갈 준비를 제대로 배우지 못하는 이유를 설명해준다. 운영만 제대로 된다면, 당연히 학교가 초기 아이들의 양육에 나타난 잘못을 바로잡아줄 것이다. 이상적인 학교는 가정과 그보다 훨씬 더 넓은 현실 사이에서 중재자의 역할을 하게 되어 있다. 또 이상적인 학교는 단순히 책을 통해 지식을 얻는 공간이 아니라 지식과 삶의 기술이 동시에 가르쳐지는 그런 공간이 되어야 한다. 그러나 학교가 부모의 자녀 교육에 나타난 잘못을 극복하는 쪽으로 발전할 때까지, 개인 심리학도 나름대로 부모들의 잘못을 바로잡으려고 노력할 수 있다.

가정교육의 잘못을 분석할 때, 학교가 시금석 같은 역할을 할 것이다. 아직 학교가 이상적인 환경이 되지 못했기 때문이다. 타인들과 접촉하는 방법을 배우지 못한 아이들은 학교에 들어가면 외톨이가 된 기분을 느낀다. 그 결과 그런 아이들은 학교 안에서 특이한 아이로 통하게 되고, 그러면 아이의 원래 성향은 시간이 흐를수록 더 강해진다. 당연히 성격의 적절한 발달이 방해를 받게 된다. 그런 아이들은 문제아가 될 확률이 높다. 이런 상황이 벌어지면 사람들은 학교를 탓한다. 이 경우에 학교는 단지 가정교육이 이뤄지는 동안에 잠재되어 있던 결함들이 밖으로 드러나게 하는 역할밖에 하지 않는데도 말이다.

개인 심리학은 문제아라도 학교에서 발전을 이룰 수 있다는 믿음을 언제나 강하게 품고 있다. 어떤 아이가 학교생활을 제대로 해내지 못하기 시작할 때, 그것이 위험 신호라는 점을 개인 심리학은 언제나 증명할 수 있다. 그것은 공부의 실패를 보여주는 신호이기보다는 심리적 실패를 보여주는 신호이다. 그것은 곧 아이가 자신에 대한 믿음을 잃기 시작했다는 의미이다. 낙담이 깊어지고, 그러면 아이는 자신에게 유익한 길과 정상적인 과제를 피하기 시작한다. 그러면서 언제나 다른 탈출구를, 말하자면 자유와 성공을 쉽게 성취할 수 있는 길을 모색하게 된다.

그런 아이는 사회가 닦아놓은 길 대신에 비밀스런 길을, 말하자면 은밀히 우월감을 느끼면서 자신의 열등감에 대한 보상을 얻을 수 있는 그런 길을 선택한다. 언제나 낙담한 사람들이 끌리는 길을 선택한다. 심리적으로 성공을 가장 빨리 이룰 수 있는 길이다. 사회적으로 확립된 기존의 길들을 따르는 것보다는 사회적 및 도덕적 책임을 벗어던지고, 또 법을 위반함으로써 자신을 두드러지게 만들고, 또 정복자가 된 듯한 기분을 느끼는 것이 더 쉽다. 그러나 이처럼 쉽게 우월을 이루는 길의 바탕에는 언제나 소심함과 허약함이 깔려 있다. 겉으로 드러나는 행동이 아무리 대담하고 용감할지라도, 그 바닥에는 반드시 소심함과 허약함이 자리 잡고 있는 것이다. 그런 사람은 언제나 자신이 성공할 수 있는 일만을 하고, 그렇게 함으로써 자신의 우월성을 과시하려 든다.

범죄자들을 보면 겉으로 드러나는 모습은 무모하고 용감해 보일지라도 그 바닥에는 언제나 겁쟁이 같은 소심함이 자리 잡고 있다는 사실이 확인된다. 마찬가지로, 아이들에게서도 심리의 바닥에 깔려 있는 나약함이 다양한 작은 신호들을 통해 드러난다. 한 예로, 똑바로 서 있지 못하고 언제나 무엇인가에 기대야 하는 아이들이 자주 보인다. 옛날식 교육방법에서는 아이가 똑바로 서 있지 못하는 그 징후만을 교정 대상으로 삼았을 뿐 그 징후를 낳는 상황은 전혀 건드리지 않았다. 그런 아이를 보면 흔히 "넌, 늘 기대고 있구나. 앞으로는 그렇게 하지 않도록 해라."라고 타이르곤 했다. 실제로 보면, 여기서 중요한 것은 아이가 기대고 있다는 사실이 아니다. 아이가 언제나 지지의 필요성을 느끼고 있다는 사실이 문제인 것이다. 이런 경우에 어른들은 처벌이나 보상을 이용하여 아이가 나약함을 보여주는 행동을 포기하도록 설득할 수 있다. 그러나 그렇게 한다 하더라도 지지에 대한 아이의 욕구는 해소되지 않고 그대로 남을 것이다. 따라서 마음 깊은 곳의 병은 계속 남아 있을 것이다. 이 같은 신호를 읽고 그 신호의 바닥에서 작용하고 있는 병을 동정심과 이해력으로 제거할 수 있는 사람이 곧 훌륭한 교육자이다.

단 하나의 신호를 보고도 종종 그 사람의 내면에 있는 많은 자질이나 특질에 관한 결론을 끌어낼 수 있다. 언제나 뭔가에 기대야만 하는 아이의 예에서, 우리는 틀림없이 불안과 의존 같은 특징도 볼 수 있다. 우리가 내면의 세계를 훤히 알고 있는 아이들과 이 아이를 비교하면, 이 아이의 성격을 재구성하는 것도 가능해진다. 그러면 이 아이의 경우엔 응석받이로 자란 아이라는 결론이 내려질 것이다.

사랑에 굶주린 아이들

이제 다른 부류의 아이들의 성격적 특징을 보도록 하자. 사랑을 느끼지 못하는 가운데 자라는 아이들이다. 이 부류에 속하는 아이들의 성격적 특질이 극단적으로 발달할 경우에 어떤 모습이 될 것인지는 인류의 최대 적들의 전기를 보면 잘 나타난다. 이런 인간들의 인생 이야기에 거의 예외 없이 두드러지게 나타나는 사실이 한 가지 있다. 바로 어릴 적에 형편없는 대접을 받으며 자랐다는 사실이다. 이런 인간들은 그런 식으로 힘들게 자라는 사이에 성격이 비뚤어지고 시기심과 증오를 최대한으로 키우게 된다. 이런 인간들은 다른 사람이 행복해 하는 꼴을 보지 못한다.

시기심에 불타는 이런 유형의 사람들은 오늘날 악한들 사이에서만 발견되는 것이 아니라 정상적일 것 같은 사람들 사이에서도 발견되고 있다. 이런 사람들은 어쩌다 아이를 돌보는 상황에 처하게 되면 그 아이가 자신의 어린 시절보다 더 행복하게 살아서는 안 된다고 생각한다. 이 같은 관점은 다른 사람들의 아이를 대신 돌봐주는 사람과 그 아이의 사이에서만 아니라 부모와 자식 사이에서도 발견된다.

이런 생각은 나쁜 의도에서 비롯된 것이 아니다. 단지 거칠게 양육된 사람들의 심리상태를 반영하고 있을 뿐이다. 그런 사람들은 그럴 듯한 이유와 변명을 다양하게 제시한다. 예를 들면, "회초리를 아끼면 아이를 망치게 돼!"라는 구실도 있다. 그러면서 그런 행동의 정당성을 뒷받침할 증거와 예들을 수없이 많이 제시한다. 그럼에도 불구하고, 엄격하고 권위적인 교육이 아이가 교육자를 멀리하게 만든다는 한 가지 사실만으로도 그런 교육의 무용성이 확인되는 한, 권위적인 교육을 옹호하는 사람들이 제시하는 증거들은 별로 설득력을 발휘하지 못할 것이다.

심리학자는 다양한 징후들을 탐구하고 또 그 징후들의 상호관계를 밝혀내면서 약간의 실무 경험을 쌓게 되면 어떤 체계를 세울 수 있다. 이 체계를 기준으로 분석하면 사람의 숨겨진 심리 작용을 밝혀낼 수 있게 된다. 심리학자가 이 체계를 바탕으로 조사하는 지점은 분석 대상이 된 사람의 전체 성격 중 어느 부분인가를 보여줄 것이다. 그러나 개인 심리학이 만족하는 때는 오직 조사하고 있는 모든 지점에서 똑같은 암시를 포착해낼 수 있을 때뿐이다. 따라서 개인 심리학은 하나의 과학일 뿐만 아니라 하나의 예술이기도 하다. 개념들의 체계인 그 이론적 도식을 분석 대상이 된 사람 누구에게나 기계적으로 적용하는 것은 불가능하다는 점을 여기서 굳이 강조할 필요는 없을 것이다.

모든 성격 분석에서 가장 중요한 것은 바로 그 사람 자체를 연구하는 것이다. 이때 그 사람이 보이는 한두 가지 표현 양식을 근거로 지나치게 큰 결론을 끌어내지 않도록 주의해야 한다. 어떤 결론을 끌어내기 전에 그것을 뒷받침할 수 있는 현상들을 모두 찾아내야 한다. 잠정적 가설을 뒷받침할 수 있을 때에만, 예를 들면 그 사람의 행동의 다른 측면에서도 똑같이 완강함과 낙담을 발견할 수 있을 때에만, 완강함 혹은 낙담이 그의 성격 전체에 깊이 스며들었다고 개인 심리학은 자신 있게 말한다.

여기서 반드시 기억해야 할 것이 있다. 분석 대상이 된 사람이 자신의 성격이 겉으로 표현되는 형식에 대해 전혀 알지 못하며, 따라서 자신의 진짜 모습을 숨기지 못한다는 점이다. 그렇다면 우리는 그 사람의 성격이 행동으로 옮겨지고 있는 것을 지켜보고 있는 셈이다. 이때 그 사람의 성격이 말이나 생각을 통해서 노골적으로 나타나는 것은 아니다. 그 사람의 행동을 놓고 특별히 분석해야만 그 성격이 드러나게 되는 것이다.

심리학자를 찾는 환자가 교묘하게 거짓말을 하길 원한다는 뜻이 아니다. 환자의 의식적인 사고와 무의식적 동기 사이에 엄청나게 깊은 심연이 존재한다는 뜻이다. 이 심연 위로 다리를 가장 멋지게 놓을 수 있는 사람이 바로 환자와 아무런 관계가 없으면서도 동정심이 많은 아웃사이더이다. 이 아웃사이더는 심리학자든 부모든 아니면 선생이든 반드시 객관적인 사실들을 근거로 성격을 해석하는 방법을 배워야 한다. 그런데 환자에게 나타나는 이 객관적인 사실들은 다소 무의식적으로 전개되고 있는, 우월을 추구하려는 노력이 겉으로 표출된 것이다.

성격 파악에 중요한 3가지 질문

따라서 사람이 개인적인 생활과 사회생활에 관한 근본적인 질문 3가지를 대하는 태도를 보면 그 사람의 진정한 모습이 고스란히 드러난다. 이런 식으로 그리는 그 사람의 그림은 다른 어떤 방법을 통해 그린 그림보다도 더 정확하다.

이 질문 중 첫 번째가 사회적 관계에 관한 것이다. 이에 대해서는 사람이 현실에 대해 품고 있는 관점과 객관적인 현실 사이에 나타나는 현저한 차이를 거론하는 대목에서 이미 논했다. 그러나 사회적 관계는 구체적인 임무를 통해서도 그 모습을 드러낸다. 여기서 말하는 구체적인 임무란 바로 친구를 사귀고 남들과 잘 지내는 일이다. 그 사람은 이 문제에 어떤 식으로 접근하는가? 그 사람은 이에 대해 어떤 대답을 내놓는가? 만약 어떤 사람이 친구를 사귀는 것이나 사회적 관계는 자신과 무관하다는 식으로 이 질문을 피해가려 한다면, 그건 바로 그 사람이 냉담하다는 뜻이다. 이 냉담을 바탕으로 우리는 그의 성격의 방향과 구성에 관한 결론을 끌어낼 수 있다.

게다가 사회적 관계는 단지 육체적으로 친구를 사귀고 사람을 만나는 것에만 국한되지 않는다는 점을 강조해야 한다. 우정과 동료애, 진실성과 충성심 같은 추상적인 모든 자질이 사회적 관계를 중심으로 서로 결합되는데, 사회적 관계를 대하는 태도는 그 사람의 이런 자질들에 대해 많은 이야기를 들려준다.

두 번째 중요한 질문은 사람이 자신의 삶을 어떤 식으로 활용하길 원하는가 하는 문제와 관계가 있다. 말하자면 전반적인 노동의 분화에서 어떤 역할을 맡길 원하는가 하는 문제와 관계있다는 뜻이다. 사회적 관계에 관한 첫 번째 질문이 한 개 이상의 에고가 존재한다는 사실 때문에, 말하자면 '나와 당신'의 관계가 존재하다는 사실 때문에 나온 것이라면, 이 질문은 '인간과 지구'의 근본적인 관계 때문에 제기된 것으로 볼 수 있다.

만약 모든 인류를 단 한 사람의 인간으로 바꿔놓을 수 있다면, 이 사람은 지구와 상호 의존의 관계를 갖게 될 것이다. 이 사람은 지구에게 뭘 원하는가? 첫 번째 질문에서와 마찬가지로, 직업 문제에 대한 대답도 일방적이거나 사적인 것이 아니라 인간과 지구의 상호 의존성을 고려한 대답이 될 것이다. 이 문제는 인간이 인간의 길만을 고집할 수 없는 그런 양면적인 관계에 관한 것이다.

성공은 각자의 의지에 의해 결정되는 것이 아니라 객관적인 현실과의 관계 속에서 결정된다. 이 때문에, 어떤 사람이 직업 관련 질문에 대해 제시하는 대답과 그 대답을 제시하는 방법은 그의 성격은 물론이고 삶을 대하는 태도까지 분명히 보여준다.

세 번째 근본적인 질문은 인류는 두 개의 성, 즉 남녀로 나눠진다는 사실에서 비롯된다. 이 문제에 대한 대답도 마찬가지로 개인적이고 주관적인 것이 아니며, 관계 속에 고유한 객관적 논리에 따라 나와야 한다. 상대 성에 대한 나의 입장은 무엇인가? 이 질문 앞에서 전형적인 개인적 인식은 또 다시 그릇된 것으로 확인된다. 이 질문에 대한 대답은 이성과의 관계와 관련 있는 모든 질문들을 면밀히 고려한 뒤에야 나올 수 있다. 사랑과 결혼의 문제에 대한 올바른 대답에서 벗어난 모든 이탈은 그 사람의 성격에 어떤 결함이 있다는 점을 암시한다는 말은 맞는 말이다. 또 이 문제에 대한 그릇된 대답에 따르는 해로운 결과들 중 많은 것은 성격의 바탕에 자리 잡고 있는 결함에 비춰 해석되어야 한다.

목표의 힘

우리 심리학자들은 어떤 사람이 이 3가지 물음에 대해 내놓는 대답을 바탕으로 그 사람의 전반적인 라이프스타일과 특별한 목표를 찾아낼 수 있다. 이 목표는 절대적인 힘을 지닌다. 이 목표는 그 사람의 라이프스타일을 결정하고 또 행동의 모든 측면에 반영될 것이다. 따라서 만약 이 목표가 친절한 동료가 되려고 노력하겠다는 식의 긍정적인 것이라면, 그 사람이 문제를 해결하려고 벌이는 노력에 이 목표의 흔적이 뚜렷이 남을 것이다. 그의 모든 해결책은 건설적일 것이며, 그러면 그 사람은 그런 유익한 행동에 수반되는 행복감과 가치와 파워를 느끼게 될 것이다. 만약 목표가 이와 정반대로 삶의 은밀하고 무익한 측면을 추구하는 것이라면, 그 사람은 근본적인 문제들을 풀 수 없다는 사실을 깨닫게 될 것이고 따라서 적절한 해결책에서 비롯될 즐거움을 누리지 못하게 될 것이다.

근본적인 모든 문제들은 서로 밀접히 연결되어 있다. 사회생활을 하는 사이에 이런 근본적인 문제들에서 특별한 과제들이 생겨나고, 이 과제들은 사회적 또는 공동체적인 환경에서만, 달리 말해 사회적 감정을 바탕으로 할 때에만 적절히 수행될 수 있다. 이 같은 사실 때문에 근본적인 문제들 사이의 상호 연결은 더욱 강력해진다. 이 과제들은 어린 시절 초반부터 시작된다. 사회생활에 따른 자극을, 이를테면 형제자매와 부모, 친척, 지인, 동료, 친구와 선생 등과의 관계를 통해 보고 듣고 말하게 하는 자극을 받으며 감각기관이 발달할 때, 특별한 과제들이 시작되는 것이다. 이 과제들은 똑같은 방식으로 평생 동안 이어진다. 그렇기 때문에 동료들과 사회적 접촉을 하지 않는 사람은 당연히 패배하게 되어 있다.

공동체

그래서 개인 심리학은 공동체에 유익한 것을 "옳은 것"으로 여긴다. 개인 심리학의 바탕에는 이 같은 입장이 확고하게 자리 잡고 있다. 사회적 기준에서 이탈하는 것은 무엇이든 옳지 않으며, 그 이탈은 객관적인 법률과도 갈등을 빚을 뿐만 아니라 객관적인 현실과도 갈등을 빚게 되어 있다. 객관성과의 충돌은 무엇보다 먼저, 그런 위반을 저지르는 사람이 자신에 대해 느끼는 그 무가치한 느낌에 선명하게 드러난다. 또 객관성과의 충돌은 그 위반으로 인해 마음의 상처를 입은 타인들의 복수심에 더욱 강하게 나타난다. 종국적으로 보면, 사회적 기준에서 이탈하는 것은 곧 모든 사람이 의식적으로나 무의식적으로 내면에 담아두고 있는 사회적 이상에 위배된다고 말할 수 있다.

사회성을 어떤 사람의 발달을 보여주는 시금석으로 여길 경우에, 아이의 라이프스타일을 이해하고 평가하는 것도 아주 쉬워진다는 사실을 개인 심리학은 늘 확인하고 있다. 왜냐하면 아이가 삶의 문제에 직면하게 되자마자, 마치 검진을 받는 것처럼, 문제를 해결할 준비가 제대로 되어 있는지 여부를 고스란히 드러내 보여주기 때문이다. 달리 말하면, 아이가 사회적 감정을 갖고 있는지 여부를, 그리고 용기와 이해력과 유익한 어떤 목표를 갖고 있는지 여부를 보여준다는 뜻이다. 이때 심리학자들이 아이에게서 발견하려고 노력하는 것은 아이가 벌이고 있는 상향적 노력의 형태와 주기, 열등감의 크기, 사회적 의식의 크기 등일 것이다. 이 모든 것들은 서로 밀접히 연결되고 깊이 침투하면서 하나의 유기적인 통합체를 이룬다. 이 통합체는 건축에 따른 결함이 발견되어 재건축이 이뤄질 때까지는 절대로 깨어지지 않을 것이다.

2장
성격의 통일성

아이의 정신생활은 경이롭기까지 하다. 어느 지점에서 보아도 매혹적이다. 아이의 정신생활에 관한 사실 중에서 가장 두드러지는 것은 아마 한 가지 사건을 이해하는 데도 그 아이의 삶의 두루마리를 모두 펼쳐보아야 한다는 사실일 것이다. 아이의 행동 하나하나는 그 아이의 삶과 성격의 전체를 표현하는 것 같다. 따라서 눈에 드러나지 않는 배경에 대한 지식을 갖추지 않은 상태에서는 아이의 행동을 이해하는 것은 불가능하다. 이 같은 현상에 우리는 성격의 통일성이라는 이름을 붙인다.

어린 시절의 중요성

이 통일성의 발달, 즉 행동과 표현이 하나의 패턴으로 통합되는 현상은 아주 어린 시절부터 시작한다. 아이는 삶의 요구에 일관되게 반응한다. 아이가 이처럼 삶의 각 상황에 반응하는 방식은 그 자체로 아이의 성격을 말해줄 뿐만 아니라 아이의 모든 행동에 개성을 불어넣고 또 다른 아이들의 비슷한 행동과도 구별되도록 만든다.

성격의 통일성은 대부분의 심리학 학파에 의해 간과되고 있다. 전적으로 무시되고 있지 않은 경우에도 합당한 주목을 받지 못하고 있다. 그 결과, 심리학 이론이나 심리 치료 기법이 특별한 어떤 몸짓이나 징후가 마치 독립된 실체인 양 그것만 끄집어내서 고려하면 된다는 주장까지 제기하기에 이르렀다. 여기서 말하는 특별한 몸짓 혹은 징후는 간혹 콤플렉스라 불린다.

이 같은 인식의 바탕에는 어떤 사람의 행위들 중에서 이 징후와 나머지를 분리시키는 것이 가능하다는 가정이 작용하고 있다. 그러나 이런 식으로 어떤 징후와 그 사람의 나머지 행위를 분리시키는 것은 전체 멜로디 중에서 하나의 음만을 따로 떼어내어 그 멜로디를 이루는 일련의 음들과 별도로 그 음의 의미를 이해하려 드는 것이나 다를 바가 없다. 이런 식의 접근법은 아주 부적절함에도 불구하고 불행하게도 광범위하게 퍼져 있다.

개인 심리학은 널리 퍼진 이 같은 잘못에 완강히 반대한다. 이 잘못은 아이의 교육에 적용될 때 특별히 더 해로운 결과를 낳는다. 아이의 교육과 연결될 때, 이 잘못은 처벌 이론에 나타난다. 어떤 아이가 처벌을 받을 만한 짓을 할 때, 일반적으로 일이 어떤 식으로 전개되는가? 어떤 의미에서 보면, 아이의 성격이 주는 전반적인 인상이 대체로 고려되는 것은 사실이다. 그러나 이런 식으로 아이의 전반적인 인상을 고려하는 것이 오히려 그렇게 하지 않는 경우보다 아이에게 더 해롭게 작용하는 경우가 종종 있다. 왜냐하면 어떤 아이가 같은 실수를 되풀이할 경우에 선생이나 부모가 편견을 품게 되어 아이를 구제 불가능한 존재로 여기게 되기 때문이다. 그런 한편, 아이의 전반적인 인상을 고려할 때조차도 아이의 잘못을 덜 가혹하게 다룰 수 있는 길은 있다. 그 잘못을 제외하고는 다른 행동이 꽤 괜찮은 아이를 훈육할 때 그런 현상이 나타난다. 그럼에도 불구하고, 어느 방법을 택하더라도 우리는 성격의 통일성을 충분히 이해하게 될 경우에 파악할 수 있는 문제의 진짜 뿌리에는 결코 닿지 못한다. 단지 전체 멜로디의 맥락에서 떼어낸 몇 개의 음의 의미만을 이해하려고 노력하는 데서 그칠 뿐이다.

어떤 아이에게 왜 게으르게 구느냐며 이유를 따져 묻는다고 가정하자. 이런 경우에 아이가 부모나 선생이 알고자 하는 그런 기본적인 연결을 알고 있을 것이라고 기대해서는 안 된다. 또한 아이가 거짓말을 하는 이유를 밝힐 것이라고 기대해서도 안 된다. 인간의 본성에 대한 이해의 깊이가 대단했다는 소크라테스가 한 말이 수천 년 동안 인간의 귀에 맴돌고 있지 않은가. "자기 자신을 아는 것이 얼마나 어려운 일인데!" 그런 마당에 우리가 무슨 권리로 아이에게 그런 복잡한 물음에 대답하라고 요구할 수 있겠는가? 심리학자마저도 좀처럼 대답하지 못하는 그런 물음에 대해서 말이다.

개별적인 성격 표현의 의미를 이해할 수 있다는 것은 곧 전체 성격을 이해하는 방법을 알고 있다는 것을 전제로 한다. 그것은 어떤 아이의 행동과 행동 방식을 설명할 수 있다는 의미가 아니라, 어떤 아이가 자기 앞에 놓인 과제들을 대하는 태도를 이해할 수 있다는 의미이다.

응석받이

다음의 예는 아이의 삶의 전체 맥락을 이해하는 것이 얼마나 중요한지를 잘 보여준다. 열세 살인 소년은 두 아이 중 위이다. 소년은 행복하게 살던 부모의 외동으로 5년 동안 지냈다. 그러다 여동생이 태어났다. 여동생이 태어나기 전까지, 주변 사람들은 하나같이 소년의 요구라면 무엇이든 기꺼이 들어주었다. 엄마는 분명 이 아이를 응석받이로 키웠다. 아버지도 천성이 선하고 차분했으며, 아들이 자신에게 의지하는 것을 좋아했다.

아이는 어머니와 더 가깝게 지냈다. 아버지가 장교였던 까닭에 집을 자주 비웠기 때문이다. 어머니는 똑똑하고 착한 여자였으며, 의존성이 강하면서도 고집이 센 아들의 변덕을 다 받아주었다. 그러면서도 엄마는 아들의 버릇없는 태도나 협박하는 몸짓 앞에서 종종 괴로워했다. 엄마와 아들 사이에 긴장이 조성되었다. 이 긴장은 주로 소년이 자기 엄마를 마음대로 조종하려 드는 식으로 표현되었다. 소년이 엄마를 마구 부리거나 집적거리려 들고 기회 있을 때마다 불쾌한 짓을 하려 들었던 것이다.

소년의 품행은 어머니에겐 매우 큰 문제였다. 그럼에도 특별히 나쁜 특징은 전혀 보이지 않았기 때문에, 엄마는 아이의 요구를 들어주고 아이의 옷을 가지런히 정리해주고 숙제도 도와주었다. 소년은 자신이 곤경에 처하게 되면 언제나 엄마가 나서서 도와 줄 것이라는 믿음을 갖고 있었다. 아이는 틀림없이 똑똑한 아이였으며, 학교 성적도 평균 정도를 유지했으며, 여덟 살까지 학교생활도 꽤 성공적으로 해냈다.

그러다 엄청난 변화가 일어났다. 이 변화가 아이와 부모의 관계를 견딜 수 없을 만큼 악화시켰다. 소년은 육체적 위험에 무관심한 모습을 보이며 자기 엄마를 미치게 만들었다. 그것만이 아니었다. 소년은 엄마가 자신의 요구를 들어주지 않을 때마다 엄마의 머리카락을 잡아당겼다. 엄마를 마음 편하게 가만 내버려두는 예가 없었다. 언제나 엄마의 귀를 꼬집거나 손을 잡아당겼다. 아이는 잔꾀를 결코 포기하지 않았다. 아기였던 여동생이 자람에 따라, 아이는 자신의 행동 패턴에 더 강하게 집착했다. 곧 어린 여동생이 소년의 표적이 되었다. 그렇다고 소년이 여동생을 육체적으로 해를 입혔다는 뜻은 아니다. 여동생에 대한 소년의 질투가 아주 분명하게 나타났다. 여동생이 태어난 직후, 소년의 퇴행적인 행동이 시작되었으며 그 같은 행동이 가족의 평화에 영향을 끼치기 시작했다.

이런 상황에서 아이의 행동이 점점 더 악화되거나 불쾌한 징후가 새롭게 나타나기 시작할 때, 우리는 나쁜 행동이 시작된 시기뿐만 아니라 그 행동을 자극하고 있는 원인까지 고려해야 한다. 여기서는 원인이라는 단어를 조금 조심스럽게 써야 한다. 왜냐하면 여동생의 출생이 오빠가 문제아가 되는 원인이 되어야 할 이유가 전혀 없기 때문이다. 그럼에도 불구하고 이런 일은 자주 일어나고 있으며, 그 원인은 소년의 그릇된 태도가 아닌 다른 것으로 여겨질 수 없다. 그것은 엄격히 과학적 의미에서 말하는 그런 인과관계의 문제가 아니다. 왜냐하면 동생이 태어났기 때문에 오빠의 태도가 악화된다고 주장할 수는 없는 노릇이기 때문이다.

어떤 돌이 땅에 떨어질 때에는 틀림없이 일정한 방향과 속도로 떨어진다. 그러나 개인 심리학이 연구한 바에 따르면, 정신적 "추락"의 경우에는 엄격한 의미에서 말하는 인과관계가 작용하지 않는다. 거기에는 단지 보다 크거나 보다 작은 실수만 있을 뿐이며, 이 실수들은 저질러지고 나면 그 사람의 미래의 발달에 영향을 미치게 되어 있다.

인간 정신의 발달에서 실수들이 저질러질 수 있고, 또 이 실수들과 그 영향이 나란히 일부 실패나 그릇된 성향에 나타난다는 것은 전혀 이상하지 않다. 이 모든 것들이 일어나는 것은 목표를 설정하는 정신 작용 때문이다. 목표를 설정하는 작업은 판단을 수반한다. 말하자면 목표를 설정하는 과정에 실수가 저질러질 가능성이 있다는 뜻이다. 이처럼 목표를 설정하거나 결정하는 것은 아주 어릴 때 시작된다. 대체로 보면 아이는 두세 살 때부터 우월의 목표를 설정하기 시작한다. 이 우월의 목표는 영원히 아이보다 앞에 서 있으며, 아이는 이 목표에 닿기 위해 나름대로 노력을 기울이게 된다.

그런데 이 목표 설정이 대체로 부정확한 판단을 수반하게 되어 있다. 그럼에도 불구하고 목표는 아이에게 대단한 구속력을 발휘한다.

아이는 구체적인 행동을 통해서 그 목표를 구체화시키고 또 목표에 따라 자신의 전체 삶을 조정한다. 따라서 아이의 전체 삶은 이 목표에 닿으려는 지속적인 노력이 된다.

이 대목에서 아이의 발달은 그 아이가 사실들을 개인적으로 어떤 식으로 해석하느냐에 따라 달라진다는 점을 명심하는 것이 아주 중요하다. 또한 아이는 어려운 새로운 상황에 접근할 때마다 언제나 그 실수를 되풀이하게 된다는 점을 기억하는 것도 아주 중요하다. 그 새로운 상황이 아이에게 안겨주는 인상의 깊이나 성격은 객관적인 사실이나 환경(예를 들면, 둘째의 출생)에 의해 결정되는 것이 아니라 아이가 그 사실을 어떤 식으로 받아들이느냐에 따라 결정된다. 이 같은 사실은 인과관계 이론을 반박할 수 있는 충분한 근거가 된다. 객관적인 사실과 그 사실의 절대적 의미 사이에는 당연히 어떤 연결이 존재한다. 그러나 객관적인 사실과 그 사실을 보는 그릇된 관점 사이에는 어떠한 연결도 존재하지 않는다.

의견과 사실

우리 인간의 정신생활에 관한 사실들 중에서 아주 두드러진 사실 하나는 우리가 취할 방향을 결정하는 것이 사실들이 아니고 우리의 관점이라는 점이다. 이는 대단히 중요한 사실이다. 왜냐하면 우리의 모든 행동도 이 같은 사실의 영향을 절대적으로 받고 있고 또 우리의 성격도 이 같은 사실을 바탕으로 조직되고 있기 때문이다.

주관적인 생각이 인간의 행동을 좌우한다는 점을 보여주는 대표적인 예가 바로 카이사르의 이집트 상륙에 얽힌 에피소드이다. 카이사르가 이집트 해안에 뛰어 내리다가 땅바닥으로 굴러 넘어졌다. 그러자 로마 병사들은 이를 불길한 조짐으로 받아들였다. 이때 만약에 카이사르가 두 팔을 크게 벌리면서 "아프리카, 드디어 너를 품었구나!"라고 외치지 않았더라면, 로마 병사들은 대단히 용감했음에도 불구하고 방향을 돌려 돌아갔을지도 모를 일이다. 이 에피소드를 통해서 우리는 현실에서 일어나는 인과관계의 구조가 대단히 취약하고, 또 현실에서 일어나는 인과관계적인 영향이 실은 어떤 한 사람의 잘 조직되고 통합된 성격에 따른 것일 수 있다는 점을 확인할 수 있다.

군중 심리와 이성의 관계에 대해서도 똑같이 말할 수 있다. 만약에 군중 심리의 어떤 상태가 상식에 굴복한다면, 그것은 군중 심리 혹은 상식의 이성이 상황에 의해 인과적으로 결정되어서가 아니라 군중 심리와 상식 둘 다가 별도의 관점을 표현하고 있기 때문이다. 대체로 보면, 상식은 잘못된 관점들이 시험을 거쳐 엉터리라는 것이 확인되어 없어질 때까지 모습을 드러내지 않는다.

소년의 이야기로 다시 돌아가도록 하자. 소년을 보면서 심리학자들은 이 아이가 힘든 상황에 처해 있다는 사실을 확인하게 될 것이다. 아무도 소년을 좋아하지 않았고, 학교에서도 발전이 전혀 나타나지 않았다. 그럼에도 소년은 계속 똑같은 방식으로 행동했다. 끊임없이 남을 괴롭히는 소년의 행동은 이제 그의 성격으로 통하게 되었다. 그래서 어떤 일이 일어났을까? 소년은 누군가를 방해할 때마다 즉시 벌을 받았을 것이다. 학교 성적도 형편없었을 것이고, 경우에 따라 소년의 부모에게 부정적인 내용의 가정통신문이 발송되었을 것이다. 이런 식으로 모든 일들이 악화일로를 걸었다. 그러다 마침내 소년의 부모는 아이를 자퇴시키는 것이 낫겠다는 조언을 듣기에 이르렀다. 소년이 학교생활에 적응하지 못한다는 이유에서였다.

문제아가 진정으로 원하는 것

이런 식의 해결책에 대해 아마 소년보다 더 행복해 할 사람은 없을 것이다. 소년이 원한 것이 바로 그것이기 때문이다. 그의 행동 패턴에 나타난 논리적 일관성이 그의 태도에도 드러났다. 그것은 잘못된 태도였다. 그러나 그 같은 태도는 한번 채택되자마자 지속적으로 나타났다. 소년이 저지른 근본적인 잘못은 자신이 언제나 관심의 중심에 서겠다는 목표를 정한 것이었다. 만약 소년이 잘못으로 인해 벌을 받아야 한다면, 처벌을 받아 마땅한 것은 이 잘못뿐이다. 소년이 자기 어머니가 지속적으로 자신을 돌보게 하려고 애를 쓴 것은 이 잘못의 결과였다. 또 소년이 마치 8년 동안 절대적인 권력을 행사하다가 돌연 왕관을 빼앗겨버린 왕처럼 행동한 것도 이 잘못의 결과였다. 왕위를 박탈당하는 순간까지, 소년은 자기 어머니에게 유일한 존재였고 어머니는 소년에게 유일한 존재였다.

그러다 동생이 태어났으며, 소년은 잃어버린 왕관을 다시 찾기 위해 맹렬히 노력했다. 이 같은 노력이 소년의 실수였으나, 이 실수 자체에 악의(惡意)나 악이 담겨 있지는 않다는 점을 우리는 인정해야 한다. 악의가 처음 발달하기 시작하는 것은 아이가 전혀 준비가 되어 있지 않은 상황을 아무런 지도도 받지 않은 가운데 스스로 헤쳐 나가도록 내버려지는 때이다.

예를 들어 보자. 어떤 아이가 있다. 이 아이는 다른 누군가가 자신을 위해 헌신해주는 그런 환경에만 준비되어 있다. 그러다 갑자기 현실이 정반대 상황으로 돌변했다. 아이가 학교에 나가게 된 것이다. 학교에서 선생은 많은 아이들에게 관심을 분산시키게 된다. 이런 상황에서 한 아이가 선생에게 자신의 몫 이상의 관심을 요구하게 되면, 선생은 당혹스러워 한다. 이 같은 현실은 응석받이로 큰 아이에겐 위험천만한 것으로 보인다. 그러나 악의가 처음 발아하는 이 단계를 보면, 아이는 악의를 품거나 다루기 힘든 존재와는 거리가 한참 멀다.

이 소년의 경우를 본다면, 소년의 개인적인 존재 방식과 학교가 요구하는 존재 방식 사이에 갈등이 일어나고 있다는 점은 충분히 이해가 된다. 아이의 성격이 정한 목표와 학교생활이 정해주는 목표의 방향을 화살표로 그리면, 이 갈등이 확연히 드러날 것이다. 두 가지 목표는 서로 다른 방향을 가리키며 점점 더 넓게 갈라진다. 그러나 아이의 삶에 일어나는 모든 일은 소년의 개인적 목표에 의해 결정된다. 소년의 전체 체계 안에는 이 목표가 가리키는 방향으로 일어나는 것을 제외하면 어떠한 움직임도 없다.

한편 학교는 모든 아이에게 정상적인 존재 방식을 기대한다. 그래서 갈등이 불가피하다. 그럼에도, 학교는 아이들이 새로운 상황에서 겪는 심리적 사실들을 제대로 고려하지 않으며 또 갈등을 인정하려 하지도 않고 갈등의 원천을 제거하려는 노력은 더더욱 하지 않는다.

이 소년의 삶은 자기 엄마가 자기만을 돌보게 만들고 싶은 강력한 욕망에 지배당하고 있다. 이 아이의 심리적 존재 방식을 보면, 모든 것이 다음과 같은 생각으로 모아지고 있다. '난 엄마를 지배해야 해. 나 혼자만 엄마를 가질 수 있어야 돼.' 그런데 주위 사람들은 이 아이에게 다른 것도 많이 기대한다. 아이는 공부도 혼자 해야 하고, 교과서와 시험지도 스스로 관리해야 하고, 소유물도 가지런히 정리해야 한다. 이는 짐마차에다가 사나운 성격의 경주마를 매다는 꼴이나 비슷하다.

이런 경우에 당연히 소년의 성적은 신통찮을 것이다. 그러나 진짜 상황이 어떠한지를 알게 된다면, 어른들은 아이에게 훨씬 더 동정적으로 다가설 수 있을 것이다. 학교에서 소년을 처벌해봐야 아무런 소용이 없다. 왜냐하면 오히려 처벌이 소년에게 학교는 자신이 있을 곳이 절대로 아니라는 믿음을 더 강하게 품도록 만들 것이기 때문이다. 소년이 학교에서 퇴학 처분을 받거나 부모에게 소년을 자퇴시키라는 요청이 있을 때, 소년은 자신의 목표에 한층 더 가까이 다가서게 된다. 소년의 그릇된 지각 작용이 덫으로 작용한다. 소년은 자신이 무엇인가를 이루었다고 느낀다. 왜냐하면 소년이 이젠 정말로 자기 엄마를 지배할 수 있게 되었기 때문이다. 소년의 어머니는 다시 소년에게 헌신해야 한다. 그것이 바로 소년이 원하는 바이다. 문제의 실상을 제대로 인식한다면, 우리는 이 잘못 혹은 저 잘못을 지적하고 그것을 이유로 아이를 처벌해 봐야 아무런 소용이 없다는 점을 인정해야 한다. 예를 들어 아이가 교과서를 잊어버리고 학교에 온다고 가정해보자. 여기서는 아이가 책을 잊어버리지 않는다면 오히려 그게 더 이상한 일일 것이다. 왜냐하면 아이가 책을 잊고 왔을 때 그 것이 어머니에게 할 일을 주게 될 것이기 때문이다. 책을 학교에 갖고 오지 않는 것은 절대로 별개의 행동이 아니다. 그것은 성격의 전체 계획의 일부이다.

어떤 성격이 표현하는 것은 모두 전체 중 일부라는 점을 명심하게 될 때, 이 소년도 단지 자신의 라이프스타일에 맞춰 행동하고 있다는 사실이 확인될 것이다. 또 소년이 지속적으로 자신의 성격의 논리에 맞춰 행동한다는 사실은 소년이 학교생활을 제대로 수행하지 못하는 것이 의지가 약하기 때문이라는 가설이 엉터리라는 점을 뒷받침한다. 의지가 약한 존재라면 절대로 자신의 라이프스타일을 따르지 못한다.

프로크루스테스의 침대

대단히 복잡한 이 소년의 예는 중요한 사항을 한 가지 더 제시한다. 우리 모두는 이 소년의 상황과 다소 비슷한 상황에 처해 있다. 우리의 계획과 삶의 해석은 절대로 사회적 전통과 완벽하게 맞아떨어지지 않는다. 옛날에는 사람들이 사회적 전통을 신성한 것으로 여겼다. 그러나 오늘날엔 인간이 만든 사회제도에는 신성한 것도 전혀 없고 고착된 것도 전혀 없다는 것이 확인되고 있다. 사회제도는 언제나 발달의 과정에 있고, 그 과정에 동력으로 작용하는 것은 사회 안에서 일어나는 개인들의 노력이다. 사회제도가 개인을 위해 존재하지, 개인이 사회제도를 위해 존재하는 것은 아니다. 개인의 구원은 사회에 관심을 갖는 마음에서 비롯되지만, 그렇다고 개인이 프로크루스테스의 침대에 맞춰 사회적으로 일정한 모습을 보여야 한다는 뜻은 아니다.

개인 심리학의 원칙들의 바탕에는 개인과 사회의 관계에 대한 고려가 자리 잡고 있다. 그런데 이 같은 고려를 학교 제도에 적용해도 좋을 것 같고, 또 적응력이 떨어지는 아이들을 다루는 일에 적용해도 괜찮겠다는 생각이 절로 든다. 학교는 아이를 하나의 성격으로, 그리고 경작되고 배양되어야 할 하나의 가치로 보는 방법을 배워야 한다. 동시에 학교는 구체적인 행위들을 판단하는 일에 심리학적 통찰력을 이용하는 방법을 배워야 한다. 학교는 앞에서 주장한 바와 같이 구체적인 행위를 개별적인 음(音)으로 볼 것이 아니라 전체 멜로디의 맥락에서, 말하자면 성격의 통일성이라는 측면에서 보아야 한다.

3장

우월을 위한 노력과
그 노력의 교육적 의미

인간의 본성에 관한 심리학적 사실들 중에서 성격의 통일성 다음으로 중요한 것은 우월과 성공을 위한 노력이다. 이 노력은 당연히 열등감과 직접적 관련이 있다. 왜냐하면 열등감을 느끼지 않는다면 사람들이 현재의 상황을 넘어서려는 욕구를 갖지 않을 것이기 때문이다. 두 가지 문제, 즉 우월 욕구와 열등감은 따지고 보면 똑같은 심리적 현상의 두 가지 양상에 지나지 않는다. 그러나 이 문제들을 더 분명하게 설명하기 위해 우월 욕구와 열등감을 다소 별도로 다루는 것이 편리하다. 이 장에서는 우월을 위한 노력과 그 노력의 교육적 의미에 대한 논의로 국한할 것이다.

우월 욕구

우월을 위한 노력에 대해 물을 수 있는 첫 번째 물음은 이 노력이 생물학적 본능처럼 사람들이 타고나는 것인가 하는 문제이다. 이 물음에 대한 대답은 이 노력이 타고나는 것일 가능성이 낮다는 것이다. 우월해지려는 노력에 대해 어떤 의미로도 타고나는 것이라고 말할 수 없다. 그러나 어떤 토대 같은 것은 존재함에 틀림없다. 인간의 배(胚)에 우월 욕구가 발달할 가능성을 지닌 어떤 핵 같은 것이 있는 게 분명하다고 보는 것이 타당하다. 아마 이런 식으로 말하는 것이 최선의 방법일지 모르겠다. 인간의 천성이 우월을 추구하려는 욕구의 발달과 밀접히 연결되어 있다고 말이다.

인간의 활동이 일정한 한계 안에 한정되고, 또 인간이 결코 발달시키지 못하는 능력이 있다는 사실을 물론 우리는 잘 알고 있다. 예를 들어, 사람은 개의 후각 능력을 절대로 얻지 못한다. 또 사람의 눈으로 스펙트럼의 자외선을 지각하는 것은 불가능하다. 그러나 추가로 발달시킬 수 있는 기능적 능력도 있다. 개인 심리학이 우월을 추구하는 노력에서 생물학적 뿌리를 보고 또 성격의 심리적 전개에서 생물학적 뿌리를 보는 것은 이처럼 추가로 발달시킬 가능성이 있다는 측면에서다.

우리가 아는 한, 어떠한 상황에서나 자기 자신을 강력히 내세우려는 이 능동적인 욕구는 어린 아이와 어른에게서 똑같이 발견된다. 이 욕구를 근절시킬 길은 절대로 없다. 인간 본성은 영원한 복종을 참아내지 못한다. 인간은 심지어 자신의 신들까지도 뒤엎지 않았는가. 퇴보와 경시의 느낌과 불확실한 기분, 열등감은 언제나 보상과 완벽을 성취하기 위해 보다 높은 수준에 닿고자 하는 욕망을 일으키게 되어 있다.

아이의 어떤 버릇은 그 아이의 내면에서 열등과 허약과 불확실성의 감정을 발달시킬 환경적 힘들이 작동하고 있다는 사실을 보여준다. 이런 경우에 이 감정들은 거꾸로 아이의 전체 정신생활에 영향력을 행사하게 된다. 아이는 이런 조건으로부터 스스로를 해방시키는 것을, 보다 높은 차원에 닿는 것을, 동등의 느낌을 확보하는 것을 목표로 잡는다. 위를 향한 염원이 뜨거울수록, 아이는 자신의 힘을 입증할 증거를 찾으면서 목표를 더 높이 설정하게 된다. 이때 아이가 찾는 증거가 인간적인 영역을 벗어난 것일 때가 종종 있다. 다양한 영역들에서 얻는 응원 때문에, 아이는 간혹 자신의 미래 모습을 신이나 다름없는 그런 존재로 그리기도 한다. 아이의 상상력은 신을 닮고 싶은 생각에 사로잡혀 있다는 사실을 곧잘 이런저런 방식으로 드러낸다. 이 같은 현상은 대체로 스스로 아주 허약하다고 느끼는 아이들의 내면에서 일어난다.

열네 살 된 아이가 있었다. 이 아이는 자신이 심리적으로 매우 힘든 상황에 처해 있다고 느꼈다. 어린 시절에 대한 이야기를 들려달라고 하자, 아이는 6세가 될 때까지도 휘파람을 불지 못했다는 사실을 대단히 고통스런 기억으로 떠올렸다. 휘파람을 불지 못해 고민하던 어느 날 아이는 집을 나서다가 돌연 휘파람을 부는 데 성공했다. 너무나 놀란 나머지 아이는 자신의 내면에서 휘파람을 분 존재가 바로 신이라고 믿었다. 신이 가까이 있다는 느낌과 허약한 느낌 사이에 아주 밀접한 관계가 있다는 사실을 보여주는 예이다.

우월에 대한 이 같은 열망은 두드러진 성격적 특질과 연결되어 있다. 이 연결을 잘 관찰하면, 아이가 품은 야망의 전모가 확인된다. 자기주장의 욕구가 특별히 강할 때, 거기엔 언제나 질투의 요소가 수반될 것이다. 이런 유형의 아이들은 경쟁자들이 온갖 종류의 악에 시달렸으면 좋겠다고 바라는 버릇을 쉽게 들인다. 이 같은 소망은 종종 신경증으로 이어지는데, 소망의 선에서 그치지 않는 경우도 있다. 경쟁자들에게 해를 입히고, 문제를 일으키고, 심지어 범죄적인 특성을 노골적으로 보여주는 것이다.

그런 아이는 남을 중상하고, 은밀한 비밀을 누설하고, 동료들을 험담한다. 자신의 가치가 올라가는 느낌을 받기 위해서이다. 그런 아이는 다른 사람들이 지켜보는 상황에서 그런 짓을 더 열심히 하게 된다. 누구도 그를 능가하지 못하는 것으로 여겨진다. 따라서 그에게는 정말로 자신의 가치가 올라가는가 아니면 다른 동료의 가치가 떨어지는가 하는 문제는 중요하지 않다. 권력 욕구는 매우 강해질 경우에 복수심이나 악의로 표현된다. 이런 아이들은 언제나 전투적이고 반항적인 태도를 보일 것이며, 이 같은 태도는 겉모습에 나타난다. 눈빛이 이글거리거나, 분노가 갑자기 폭발하거나, 가상의 적과 언제든 싸울 준비가 되어 있는 모습을 보일 것이다. 우월을 목표로 잡고 있는 아이들에게는 시험을 치는 것이 극도로 고통스런 상황일 수 있다. 왜냐하면 시험을 통해서 자신이 무가치한 존재라는 것이 쉽게 탄로 날 수 있기 때문이다.

이 같은 사실은 시험을 아이들의 특성에 맞춰 바꿀 필요가 있다는 점을 보여준다. 시험이 모든 아이들에게 똑같은 의미를 지니는 것은 아니다. 시험이 대단히 부담스런 일로 다가오는 아이들이 있다. 이런 아이들은 시험지를 앞에 두고 얼굴이 벌겋게 되거나 창백해지며 덜덜 떨기도 한다. 또 수치심과 두려움에 마비가 되어 머릿속이 하얘지기도 한다. 일부 아이들은 오직 다른 아이들과 함께하는 자리에서만 대답을 할 수 있다. 그런 상황이 아니라면 이 아이들은 전혀 대답을 하지 못한다. 왜냐하면 자신이 주목받고 있다는 생각에 주눅이 들기 때문이다.

우월 욕구는 놀이에도 나타날 것이다. 우월 욕구가 대단히 강한 아이의 경우에는 다른 아이들이 마부로 등장하는 상황에서는 말의 역할을 절대로 하지 않으려 할 것이다. 이 아이는 언제나 자신이 마부가 되기를 원하고 또 이끌고 지도하려 들 것이다. 그러나 마부 역할을 이미 맡아서 더 이상 아무 역할을 맡지 않게 될 때, 그런 아이는 다른 아이들의 놀이를 방해하는 것으로도 만족할 것이다. 만약에 이 아이가 여러 차례의 패배로 인해 추가로 낙담하게 된다면, 아이의 야망은 좌절될 것이며 새로운 상황은 어떤 것이든 아이가 앞으로 나서도록 자극하지 못하고 오히려 뒷걸음질을 치게 만들 것이다.

아직 낙담하지 않은 야심적인 아이들은 온갖 종류의 경쟁적인 놀이를 선호하는 경향을 보일 것이며, 그러다 패배할 경우에 똑같이 놀라는 모습을 보일 것이다. 아이들이 좋아하는 놀이나 이야기, 역사적 인물들을 보아도 그들이 자기주장의 욕구를 어느 정도 강하게 느끼고 있는지, 그리고 그 방향이 어느 쪽인지를 추론할 수 있다. 성인들 사이에 나폴레옹(Napoléon Bonaparte)을 숭배하는 모습이 종종 보인다. 나폴레옹은 야심적인 사람의 모델로 아주 적절하다. 공상 속의 과대망상증은 언제나 강력한 열등감이 존재한다는 점을 보여주는 신호인데, 이때 열등감은 낙담한 사람으로 하여금 현실 밖에서 일어난 감정에서 만족과 흥분을 찾도록 자극한다. 이와 비슷한 것이 꿈에도 자주 일어난다.

아이들이 우월을 이루려 노력하면서 취하는 다양한 방향을 관찰하다 보면, 여러 가지 변형들이 분명하게 드러난다. 이 변형들을 우리는 몇 가지 유형으로 구분할 수 있다. 그럼에도 이 유형의 구분이 명쾌하지는 않다. 변형들이 무수히 많고 또 주로 아이가 갖는 자신감의 크기에 따라 결정되기 때문이다. 성격 발달에 방해를 받지 않은 아이들은 우월 욕구를 유익한 것을 성취하는 쪽으로 돌려놓는다. 그런 아이들은 선생을 기쁘게 해주려고 노력하고, 질서를 지키려고 노력하고, 정상적인 젊은이로 성장하려고 노력한다. 그러나 경험에 따르면, 분명 이런 아이들은 다수가 아니다.

또한 다른 아이들보다 앞서려고 노력하면서 수상한 면을 강하게 보이는 아이들도 있다. 이런 아이들의 노력에 야망이 과도하게 나타나는 경우가 자주 있다. 이런 경우에도 과도한 욕구가 쉽게 간과된다. 그 이유는 우리 사회가 야망을 미덕으로 여기면서 아이가 더 많은 노력을 기울이도록 자극하는 데 익숙해 있기 때문이다. 이는 대체로 잘못이다. 과도한 야망으로 인해 아이의 발달이 방해를 받을 것이기 때문이다.

과도한 야망은 긴장 상태를 야기한다. 이 긴장 상태를 아이는 한 동안 견뎌낼 수 있다. 그러나 긴장이 지나치게 커지고 있다는 신호가 반드시 나타날 것이다. 과도한 야망을 가진 아이는 집에서 책을 읽는 데 지나치게 많은 시간을 들일 것이다. 그러면 다른 활동이 위축되지 않을 수 없다. 그런 아이들은 오직 학교에서 앞서겠다는 욕망 때문에 자주 다른 문제들을 회피한다. 개인 심리학은 아이가 이런 식으로 발달하는 데 절대로 만족하지 못한다. 그런 환경에서 아이가 정신적으로나 육체적으로 건강하게 발달하지 못할 게 너무나 확실하기 때문이다.

그런 아이가 다른 아이들을 능가하기 위해 자신의 삶을 조정하는 방법을 보면, 정상적인 성장에 적절하지 않다는 생각이 절로 든다. 그런 아이에게 책에 너무 많은 시간을 투자하지 말고, 밖에 나가 맑은 공기를 마시며 친구들과 어울려 재미있게 놀고, 다른 활동도 두루 하라고 권해야 한다. 그런 아이도 마찬가지로 다수가 아니지만 그래도 매우 자주 보인다.

두 아이의 경쟁

또 학급 안에서 두 학생 사이에 무언의 경쟁 관계가 형성되는 예가 자주 있다. 이들을 밀접히 관찰할 기회를 가진 사람은 그런 식으로 경쟁을 벌이며 자란 아이들이 아주 적절치 않은 성격적 특성을 발달시킨다는 사실을 확인할 것이다. 그런 아이들은 질투심과 시기심을 키우게 될 것이다. 질투심과 시기심이야말로 독립적이고 조화로운 성격에 절대로 어울릴 수 없는 특징이 아닌가. 그들은 다른 아이들의 성공 앞에서 당황해 하며, 다른 아이들이 앞서 나가는 상황에서 신경성 두통이나 복통을 일으키기도 한다. 또 다른 아이가 칭찬을 들을 때에는 의기소침해 하며 다른 아이를 절대로 칭찬하지 못한다. 이것은 과도한 야망이 그다지 좋은 인상을 남기지 못하게 만드는 시기심의 신호이다.

이런 아이들은 동무들과 잘 어울리지 못한다. 모든 일에서 주도적인 역할을 맡길 원하며, 놀이에서도 일반적인 원칙을 잘 받아들이지 않으려 든다. 그 결과 여러 명이 함께 하는 놀이를 좋아하지 않게 되고 급우들에게 거만하게 굴게 된다. 이런 아이들에게는 급우들과의 접촉이 불쾌하게 다가온다. 급우들과의 접촉이 많아질수록, 그 아이들이 자신의 위치에 대해 느끼는 불안도 더욱 커진다. 이런 아이들은 자신의 성공을 절대로 확신하지 못하며, 자신이 불안전한 환경에 처했다고 느낄 때면 쉽게 흥분한다. 또 다른 사람들이 자신에게 거는 기대와 자신이 자기 자신에게 거는 기대 때문에 힘들어 한다.

가족이 이런 아이들에게 거는 기대는 아이 본인에게 매우 예리하게 느껴진다. 이런 아이들은 자기 앞에 주어진 모든 과제를 완수하려고 아주 열심히 노력한다. 그 아이들이 과제 완수에 그렇게 열심히 나서는 이유는 다른 모든 아이들을 제치고 빛을 발하는 등불이 된 자신의 모습이 눈앞에 늘 어른거리고 있기 때문이다. 그 아이들은 자신들의 어깨에 얹힌 희망의 무게를 느끼고 또 환경이 자신에게 호의적으로 작용하는 한 그 부담을 질 것이다.

만약 인간들이 절대적 진리를 물려받는 축복을 받아 아이들을 그런 어려움에서 해방시킬 수 있는 완벽한 방법을 발견할 수 있다면, 우리 주변에는 아마 문제아가 하나도 없을 것이다. 그런 방법을 알지 못하고 또 아이들이 배우는 공간을 이상적인 조건으로 지켜나가지 못하기 때문에, 그런 아이들의 불안스런 기대가 특별히 위험한 문제가 된다. 그런 아이들은 불건전한 야망으로 힘들어 하지 않는 아이들과는 매우 다른 감정으로 문제에 직면할 것이다. 여기서 말하는 문제는 모두 피할 수 없는 것들이다. 어떤 아이가 문제에 봉착하지 않도록 막아주는 것은 불가능하며 앞으로도 영원히 불가능할 것이다. 이는 부분적으로 추가 발전을 필요로 하는 교육 방식 때문이기도 하다. 현재의 교육 방식은 모든 아이들에게 두루 적절하지는 않다. 그런 까닭에 개인 심리학은 교육 방식을 향상시키려고 끊임없이 노력하고 있다.

아이가 문제에 봉착하지 않도록 막아주는 것이 불가능한 또 다른 이유는 아이들의 자신감이 과도한 야망으로 인해 훼손되고 있다는 사실에 있다. 아이들이 어려움을 극복하는 데 필요한 용기를 갖지 않은 채 어려움에 봉착하고 있다는 뜻이다.

지나치게 야심적인 아이들은 오직 최종 결과에만 관심을 둔다. 즉 성공에 따를 인정을 중요하게 여기는 것이다. 인정이 따르지 않는다면, 성공 자체는 그런 아이들을 만족시키지 못한다. 여러 어려움이 동시에 나타날 때, 아이에게는 그 어려움들을 한꺼번에 극복하려 드는 것보다 심리적 균형을 잘 유지하는 것이 훨씬 더 중요하다는 사실이 많은 예를 통해 확인되고 있다. 어쩔 수 없이 야망을 추구하는 방향으로 들어서게 된 아이는 심리적 균형의 중요성을 잘 모르고 있으며, 다른 사람들의 칭찬을 받지 않는 가운데 살아가는 것은 있을 수 없는 일이라고 느낀다. 그 결과 다른 사람들의 의견에 의존하는 사람들이 곳곳에서 목격되고 있다.

심리적 균형 감각

가치들이 걸린 문제에서 균형 감각을 잃지 않는 것이 대단히 중요하다는 사실은 신체적 열등을 안고 세상에 태어난 아이들의 예를 통해 잘 확인된다. 물론 그런 예는 꽤 흔하다. 신체의 오른쪽보다 왼쪽이 더 잘 발달한 아이들이 많다. 대체로 잘 알려지지 않은 사실이다. 왼손잡이 아이는 오른손잡이 위주로 돌아가는 문명에서 많은 어려움에 봉착한다. 아이가 오른손잡이인지 왼손잡이인지를 알아내려면 어떤 방법을 이용할 필요가 있다. 쓰기와 읽기, 그리기에서 예외적인 어려움을 겪거나 손의 사용에 서툰 아이들 중에 왼손잡이가 많이 발견된다.

어떤 아이가 선천적으로 오른손잡이인지 왼손잡이인지를 알아내는, 간단하면서도 거의 완벽에 가까운 한 방법은 아이에게 두 손의 손가락을 서로 깍지 끼게 하는 것이다. 그러면 왼손잡이 아이들은 언제나 왼손 엄지손가락이 오른손 엄지손가락 위에 오도록 낀다. 왼손잡이로 태어났으면서도 그런 사실조차도 모르고 사는 사람이 아주 많다는 사실은 정말로 놀라운 일이 아닐 수 없다.

다수의 왼손잡이 아이들의 역사를 조사해보면, 다음과 같은 사실들이 발견될 것이다. 우선, 그런 아이들은 대체로 서툰 것으로(모든 것이 오른손잡이 위주로 배열된 상황에선 전혀 이상할 것이 없다) 여겨진다. 이 상황을 제대로 이해하려면, 우측통행에 익숙한 사람이 좌측통행이 실시되고 있는 나라를 처음 찾았을 때 느끼게 될 당혹감을 그려보는 것만으로도 충분할 것이다.

왼손잡이 아이는 나머지 사람들이 다 오른손잡이인 가족 안에서 더욱 어려운 상황에 처하게 된다. 아이의 왼손잡이는 가족만 아니라 자기 자신까지도 방해한다. 왼손잡이는 학교에서 글쓰기를 배우면서 자신이 평균 이하라는 점을 깨닫는다. 또 도무지 이해가 되지 않는 이유로 비난을 당하고, 형편없는 점수를 받으며, 종종 벌을 받기도 한다. 그러면 아이는 스스로 다른 아이들보다 능력이 떨어진다고 믿을 수밖에 없다. 그 상황을 달리 해석하지 못한다. 그 아이의 내면에서 저지당하고 있다거나, 열등하다거나, 다른 아이들과 경쟁할 수 없다는 느낌이 더욱 커질 것이다. 아이는 집에서도 서툴다는 이유로 꾸중을 들으면서 자신의 열등을 재차 확인하게 된다.

물론 아이는 이것을 최종적 패배로 받아들일 필요가 전혀 없다. 그런데도 낙담하게 만드는 상황에서 노력을 포기하는 아이들이 많다. 아이들이 진짜 상황을 제대로 이해하지 못하고 있고 또 그 문제를 극복하는 방법을 아무도 설명해주지 않기 때문에, 아이들이 노력을 계속 펴기가 어렵다. 그런 탓에 오른손을 제대로 훈련하지 않아 필체가 읽지 못할 만큼 나쁜 사람도 많다. 이 장애도 극복될 수 있다는 것은 최고의 예술가와 화가와 조각가 중에 왼손잡이가 많다는 사실로도 확인된다. 이런 인물들은 왼손잡이로 태어났음에도 불구하고 훈련을 통해서 오른손을 이용하는 능력을 발달시켰다.

오른손을 자유자재로 쓸 수 있을 만큼 훈련을 많이 한 왼손잡이는 말을 더듬게 된다는 미신이 있었다. 이 미신에 대한 설명은 왼손잡이 아이들이 워낙 큰 어려움을 겪기 때문에 말을 배울 용기를 잃을 수 있다는 사실로 가능하다. 다른 형식으로 낙담을 표출하는 사람들 (신경증 환자와 자살자, 범죄자, 괴팍한 사람 등) 중에 왼손잡이들이 놀랄 만큼 많다는 사실도 이 같은 미신이 나온 이유를 설명해준다. 그런 한편, 왼손잡이를 극복한 사람들은 삶에서도 큰 성취를 이루는 것으로 확인된다. 특히 예술 분야에서 왼손잡이를 극복한 사람들의 성공이 자주 목격된다.

왼손잡이라는 특징이 아무리 하찮아 보이더라도, 그 특징은 우리에게 아주 중요한 무엇인가를 가르치고 있다. 말하자면 교육자나 부모가 아이의 용기와 인내심을 어느 선까지 끌어올려주기 전까지는 아이의 능력에 대해 어떠한 판단을 내려서도 안 된다는 사실을 가르쳐주고 있는 것이다. 우리가 아이들을 놀라게 만들고 또 아이들로부터 보다 나은 미래에 대한 희망을 박탈할 때에도, 우리 어른들의 눈에는 여전히 아이들이 계속 노력할 수 있을 것처럼 비친다. 그러나 만약 어른들이 아이들의 용기를 적극적으로 키워준다면, 아이들은 틀림없이 훨씬 더 많은 것을 성취해낼 수 있을 것이다.

부적절한 야망을 품은 아이들은 나쁜 상황에 처해 있다. 왜냐하면 우리 사회가 어려움을 직시하고 해결해나갈 준비를 어느 정도 잘 갖추었는가 하는 점을 바탕으로 그런 아이들을 평가하지 않고 성공을 근거로 아이들을 평가하기 때문이다. 현재의 문명에서는 진짜 교육보다는 눈에 보이는 성공에 관심을 더 많이 기울이는 것이 너무나 당연하다. 개인 심리학은 노력을 거의 하지 않는 가운데 이루는 성공이 얼마나 허망한지를 잘 알고 있다. 따라서 아이가 야망을 품도록 훈련시키는 것은 전혀 이롭지 않다. 그보다 아이가 용기를 갖고, 인내심을 발휘하고, 자신감을 갖도록 훈련시키는 것이 훨씬 더 중요하다. 또 아이가 실패 앞에서 낙담하지 말고 실패를 단지 하나의 새로운 문제로 여기며 해결해 나가도록 자극하는 것도 중요하다. 만약 선생이 아이가 어느 선에서 노력을 멈추게 되는지, 또 아이가 노력을 충분히 기울였는지를 잘 파악할 수 있다면, 용기 있고 인내심 강한 아이로 성장시키는 것이 훨씬 더 쉬워질 것이다.

따라서 우월 욕구가 야망 같은 성격적 특질로 나타난다는 사실이 확인되고 있다. 우월 욕구를 애초에 야망의 형태로 보이다가 다른 아이가 이미 자기보다 훨씬 앞에 나가 있다는 이유로 그 야망을 성취 불가능한 것으로 여기고 포기하는 아이들도 있다. 많은 선생들은 큰 야망을 품지 않는 아이들을 매우 엄하게 다루는 관행을 그대로 따르고 있다. 혹은 아이들의 내면에 잠자고 있을지도 모르는 야망을 깨우기 위해 형편없는 점수를 주기도 한다. 아이의 내면에 어느 정도의 용기가 남아 있다면, 이런 방법도 간혹 효력을 발휘한다. 그러나 이런 방법은 일반적인 목적으로는 권할 만한 방법이 아니다. 공부에서 이미 위험한 선에 다가선 아이들은 그런 식의 취급에 완전히 혼란을 느끼고 또 자신이 우둔하다는 사실만을 확인하게 될 뿐이다.

한편 심리학자들은 아이들이 상냥함과 이해력으로 보살핌을 받은 뒤에 엄청난 지능과 능력을 발휘하게 된다는 사실 앞에서 종종 놀라움을 금치 못한다. 이런 변화를 보이는 아이들도 종종 큰 야망을 갖는 것이 사실이다. 그것은 단지 그 아이들이 이전의 상태로 돌아가게 될까 두려워하기 때문에 일어나는 현상이다. 아이들이 예전에 살았던 생활방식과 성취의 결여가 마치 위험 신호처럼 그들의 눈앞에 어른거리면서 앞으로 나아가라고 끊임없이 자극한다. 이 아이들 중 많은 아이들이 훗날 어른이 되면 마치 귀신에 홀린 것처럼 행동한다. 그들은 밤낮으로 일에 집중하고, 과로로 끊임없이 힘들어 하고, 그러면서도 인생을 충분히 열심히 살지 않고 있다는 생각에 늘 괴로워한다.

개인 심리학의 지배적인 인식을, 즉 모든 개인(어른뿐만 아니라 아이들까지 포함)의 성격은 하나의 통일된 전체일 뿐만 아니라 언제나 그 사람의 행동 패턴과 조화를 이루게 되어 있다는 인식을 기억한다면, 이 모든 것들이 훨씬 더 명료하게 이해될 것이다. 어떤 한 행동을 그 행위자의 성격과 별도로 동떨어진 것으로 평가하는 것은 잘못이다. 왜냐하면 구체적인 한 가지 행위도 다양한 길로 해석될 수 있기 때문이다. 아이의 구체적인 행위나 몸짓을, 예를 들어 지각 같은 것을 학교가 제시하는 과제에 대한 아이의 반응으로 이해한다면, 판단에 따르는 불확실성은 금방 사라지고 만다. 지각은 단지 아이가 학교와 아무런 관계를 맺지 않으려 하고 따라서 학교의 요구사항을 따르고 싶어 하지 않는다는 것을 의미한다. 사실 아이는 학교의 요구사항을 준수하지 않기 위해 자신이 할 수 있는 행동을 하고 있을 뿐이다.

우리는 학교에서 "나쁜" 학생으로 통하는 아이의 전체 그림을 이같은 관점에서 볼 수 있다. 그러면 우월 욕구가 학교를 받아들이는 쪽으로 나타나지 않고 학교를 거부하는 쪽으로 나타날 때 일어나는 비극이 보일 것이다. 행동에 일련의 전형적인 징후들이 나타나고, 이 징후들이 고칠 수 없는 상태로 점점 더 악화된다. 그러면 아이는 궁정의 어릿광대 같은 유형으로 변할 것이다. 아이는 다른 사람들을 웃게 만들기 위해 끊임없이 어릿광대짓을 하며 그 외의 다른 것은 아무것도 하지 않을 것이다. 아니면 급우들을 괴롭힐 수도 있다. 그것도 아니면 무단결석을 하면서 나쁜 친구들과 무리를 지어 다닐 것이다.

학교의 역할

그렇다면 학교에 다니는 아이의 운명뿐만 아니라 훗날 그 아이의 발달까지도 선생의 손에 달려 있다고 볼 수 있다. 학교가 제공하는 교육과 훈련이 개인의 미래 삶을 결정적으로 좌우한다. 학교는 가족과 사회생활 사이에 자리 잡고 있다. 학교는 가정교육을 통해 잘못 형성된 라이프스타일을 바로잡을 기회를 누릴 뿐만 아니라 아이가 사회생활에 잘 적응하도록 준비시키고 또 사회 안에서 개인의 역할을 조화롭게 완수할 능력을 배양시킬 책임까지 진다.

학교의 역할을 역사적으로 더듬어보면, 학교가 늘 당대의 사회적 이상에 따라 개인들을 바꿔놓으려고 노력했다는 사실이 확인된다. 학교는 귀족 학교와 종교 학교, 중산계급 학교, 민주적 학교의 순으로 점차적으로 변해왔다. 그러면서 언제나 시대와 통치자가 요구하는 바에 따라 아이들을 교육시켰다. 오늘날에도 마찬가지이다. 학교도 변화하는 사회적 이상에 맞춰 바뀌어야 한다. 따라서 오늘날의 이상적인 어른이 독립적이고 자제력 있고 용기 있는 남자나 여자로 여겨진다면, 학교는 개인들을 이 이상에 맞게 바꿔놓을 수 있는 쪽으로 변화해야 한다.

달리 말하면, 학교는 학교 자체를 목적으로 여겨서는 안 되며 아이를 학교가 아니라 사회에 잘 적응할 수 있도록 훈련시켜야 한다는 점을 명심해야 한다. 따라서 학교는 모범 학생이 되기를 거부한 아이들도 절대로 무시해서는 안 된다. 모범생이길 거부한 아이들이라고 해서 우월 욕구가 반드시 약한 것은 아니다. 이 아이들은 안간힘을 쏟지 않아도 되는 다른 일로, 옳은 것이든 그른 것이든 성공이 쉽게 성취되는 일로 관심을 돌릴 수 있다. 이는 아이들이 아주 일찍부터 무의식적으로 그런 활동을 위해 스스로를 훈련시켜왔기 때문일 수 있다. 따라서 그런 아이들은 탁월한 수학자가 되지는 못하겠지만 운동에서 두각을 나타낼 수도 있다.

교육자는 아이들의 성취라면 어떤 것이든 무시해서는 안 되며 오히려 그 성취를 발판으로 삼아 아이가 다른 활동 영역에서 더 큰 향상을 이루도록 용기를 불어넣어야 한다. 아이의 교육을 맡은 교육자도 아이에게서 어떤 성공이라도 확인된다면 그걸 큰 행운으로 여겨야 한다. 그런 경우 교육자는 그 성공을 근거로 아이가 다른 영역에서도 능력을 발휘할 수 있다는 점을 설득시킬 수 있을 것이다. 그러면 교육자의 임무 자체가 훨씬 더 수월해진다.

교육자의 임무는 아이가 이를테면 결실이 풍성하게 맺히는 이 목초지에서 다른 목초지로 옮겨가도록 부추기는 것이다. 정신이 박약한 아이들을 제외하고는 모든 아이들이 학교 공부를 잘 해낼 수 있기 때문에, 아이들이 극복해야 할 것은 인위적으로 쌓은 장벽뿐이다. 이 같은 장벽은 종국적인 교육 목표와 사회적 목표를 판단의 기준으로 삼지 않고 추상적인 학업 성적을 판단의 기준으로 삼는 데서 비롯되고 있다. 아이의 입장에서 보면, 이 장벽이 자신감을 허물어뜨린다. 그 결과, 아이의 우월 욕구가 유익한 활동과 단절되는 현상이 나타난다. 아이에게 우월 욕구를 발휘할 기회가 적절히 주어지지 않기 때문이다.

그런 상황에서 아이는 뭘 하게 될까? 아이는 탈출 방법에 대해 고민할 것이다. 그러면 아이가 종종 기이한 버릇을 보일 것이다. 그 버릇을 통해 아이는 선생으로부터 칭찬의 말을 듣지는 못해도 선생의 관심을 끌 수는 있을 것이다. 아니면 다른 아이들의 탄성을 불러일으키기 위해 무례한 짓을 하거나 고집스런 태도를 보이기도 할 것이다. 이런 아이는 자신이 일으키는 소란을 근거로 자신을 영웅으로, 말하자면 작은 거인으로 여긴다.

적절한 선을 벗어난 일탈과 그런 심리적 과시는 아이가 학교를 시험하는 과정에 나타난다. 그런 일탈과 심리적 과시가 표면으로 드러나는 것은 학교 안이지만, 그 기원은 절대로 학교에 있지 않다. 능동적인 교육 임무와 교정 임무를 별도로 치고 순전히 수동적인 의미로만 본다면, 학교는 가족 양육에 따른 결점들이 겉으로 드러나는 그런 실험실 같은 곳이다.

관찰의 중요성

아이를 유심히 관찰할 줄 아는 훌륭한 선생이라면 아이가 학교에 입학하는 첫날에 많은 것을 볼 수 있다. 왜냐하면 많은 아이들이 응석받이로 자랐다는 사실을 암시하는 신호들을 동시에 보여주기 때문이다. 응석받이로 자란 아이에게는 새로운 환경(학교)이 아주 고통스럽고 불쾌할 것이다. 그런 아이는 다른 아이들과 접촉하는 연습을 전혀 하지 못한 상태에서 학교에 온다. 그렇기 때문에 그런 아이에게는 친구를 사귀는 것이 근본적으로 중요하다. 아이가 다른 아이들을 사귀는 방법을 어느 정도 아는 상태에서 학교에 입학하는 것이 훨씬 더 바람직하다. 아이가 학교에서 모든 사람들을 배제한 가운데 한 사람에게만 의존하는 일이 벌어져서는 안 된다. 가정교육의 잘못을 학교에서 바로잡아줘야 한다. 하지만 아이가 그런 잘못에서 다소 자유로운 상태에서 학교에 입학하는 것이 당연히 더 바람직하다.

집에서 응석받이로 자란 아이가 학교에 들어가서 갑자기 공부에 집중할 수 있을 것이라고 기대하는 것은 말이 되지 않는다. 그런 아이는 당연히 주의력이 부족하다. 또 학교에 가지 않고 집에 있으려는 욕구를 공개적으로 보일 것이다. 실제로 그런 아이는 학교 감각을 전혀 갖고 있지 않을 것이다. 이처럼 아이가 학교를 싫어하는 신호는 쉽게 탐지된다. 예를 들면, 아이가 아침에 억지로 깨워야만 일어나고, 끊임없이 윽박질러야만 이런저런 일을 하고, 아침 식사를 놓고 꾸물대는 것이 목격될 것이다. 그런 모습을 지켜보고 있으면, 아이가 앞으로 나아가지 않기 위해 마치 자기 앞에다가 어떤 장벽을 세워놓고 있는 것처럼 보인다.

이런 상황에 대한 치료는 왼손잡이를 다룰 때와 똑같다. 그런 아이들에게 배울 시간을 줘야 한다. 아이들이 학교에 늦게 오더라도 처벌해서는 안 된다. 처벌이 아이가 학교에서 느끼는 불행을 더욱 키우는 결과만을 낳을 것이기 때문이다. 그런 처벌을 받으면서 아이는 자신은 학교와 어울리지 않는다는 감정을 재확인할 것이다. 부모가 아이를 학교에 보내기 위해 회초리를 들 때, 아이는 학교에 가고 싶지 않다는 마음을 더욱 키울 뿐만 아니라 어려움에서 쉽게 벗어날 수단을 찾게 될 것이다. 당연히 이 수단은 도피의 수단일 것이다. 어려움을 실제로 직면하는 데 필요한 수단은 절대로 아닐 것이다. 아이가 학교를 혐오하고 또 학교생활을 제대로 해내지 못하고 있다는 사실은 아이의 모든 몸짓과 움직임에 분명히 드러날 것이다. 아이가 수업에 필요한 책들을 제대로 갖춰 등교하는 날은 절대로 없을 것이며 언제나 책을 잊어버리거나 잃어버리게 될 것이다. 어떤 아이가 교과서를 잊어버리거나 잃는 버릇을 보일 때, 아이가 학교생활을 순

조롭게 하지 못하고 있다고 판단하면 된다.

그런 아이들을 면밀히 관찰하면, 학교에서 조금의 성공이라도 성취할 수 있다는 희망조차 갖고 있지 않다는 사실이 확인될 것이다. 이 같은 자기비하가 전적으로 아이들의 잘못만은 아니다. 환경도 그 아이들이 그릇된 방향으로 향하도록 도왔다. 가정에서도 누군가가 아이에게 화를 내며 보나마나 미래가 뻔하다는 식으로 예언했을 것이다. 그러면서 바보 같다거나 쓰레기 같다는 식의 험한 말을 내뱉았을 것이다. 이 아이들이 학교에 가서도 이 같은 비난을 재차 확인시켜주는 것 같은 일을 당할 때, 아이들에겐 그 오해를 바로잡을 판단력과 분석력이 부족하다. 그래서 아이들은 전투를 시작해보지도 않고 포기해 버리게 된다. 그러면서 자신의 패배를 극복 불가능한 장애로, 자신의 무능이나 열등을 뒷받침하는 증거로 받아들인다.

일이 늘 이런 식으로 전개되기 때문에, 어떤 실수가 한 번 저질러졌다 하면 그 실수를 바로잡기가 여간 힘들지 않다. 또 이 아이들은 언제나 앞서려고 노력하고 있음에도 불구하고 대체로 뒤처질 것이기 때문에 쉽게 노력을 포기하고 학교에 가지 않는 구실을 찾으려 들 것이다. 무단결석이 가장 위험한 징후이다. 무단결석은 아주 나쁜 짓으로 여겨지고 있으며, 그에 대한 처벌도 대체로 가혹하다. 그러기에 아이들은 잔꾀와 거짓 해명 등을 동원하지 않을 수 없게 된다. 그런 아이들이 그릇된 행동을 추가로 더 하게 하는 길들은 아직 몇 개 더 남아 있다. 아이들은 가정통신문이나 성적표를 위조하기도 한다. 집에 들어가서는 가지도 않은 학교에서 일어났을 법한 일들에 대해 거짓말을 늘어놓기도 한다. 이리하여 거짓말을 일삼는 아이가 된다.

아이들은 또 학교가 수업을 하는 동안에 피해 있을 공간을 찾아야 한다. 그런 곳에서 이미 그 길을 밟고 있는 다른 아이들을 만나게 된다는 것은 말할 필요도 없다. 그러기에 무단결석을 해도 우월 욕구는 충족되지 않는다. 이젠 우월 욕구가 아이들에게 더 큰 짓을 하라고 충동질을 한다. 말하자면 법을 어기도록 자극하는 것이다. 아이들은 더욱더 나쁜 짓을 하게 되고, 결국에는 범죄의 구렁텅이로 빠져들게 될 것이다. 갱단을 조직하고, 남의 물건을 훔치기 시작하고, 성적으로 타락할 것이다. 그러면서 엉뚱하게도 자신이 많이 성숙했다는 느낌을 받을 것이다.

이제 아이들은 큰 걸음을 내디뎠기 때문에 자신의 야망을 채워줄 것을 새로 찾아야 한다. 그런 행각이 발각되지 않는 사이에, 아이들은 아주 사악한 범죄까지 저지를 수 있다고 느낀다. 이는 아주 많은 아이들이 범죄자의 삶을 청산하지 못하는 이유를 설명해준다. 그 아이들은 그 길을 더욱더 멀리 걸어가기를 원한다. 다른 방향으로는 성공을 성취하는 것이 절대로 불가능하다는 믿음을 갖고 있기 때문이다. 그 아이들은 자신이 유익한 행동을 하도록 자극할 가능성이 있는 것이면 무엇이든 배제한다. 동료들의 행동에 끊임없이 자극을 받는 아이들의 야망은 반사회적인 행동을 추구하도록 만든다. 범죄 성향을 가진 아이들 중에서 자부심이 극도로 강하지 않은 아이는 하나도 없다. 이 자부심의 원천은 야망의 원천과 똑같다. 자부심은 아이가 어떤 식으로든 자신을 지속적으로 두드러져보이게 하도록 만든다. 그러다 아이는 삶의 유익한 측면에서 자신이 설 자리를 발견하지 못하게 될 때 삶의 해로운 측면으로 눈을 돌리게 된다.

자기 선생을 살해한 소년의 예가 있다. 이 사건을 면밀히 검사하면, 이 소년에게서 온갖 성격적 특질이 다 발견될 것이다. 이 소년은 가정교사의 지도 아래에서 안달복달 몰아붙이는 환경에서 자랐다. 그런데 이 가정교사는 자신이 정신생활에 관한 한 모든 것을 다 알고 있다고 믿는 사람이었다. 이런 환경에서 소년은 자기 자신에 대한 믿음을 잃었다. 자신의 야망이 완전히 깨어져버렸기 때문이다. 말하자면 소년이 낙담하게 되었다는 뜻이다. 삶과 학교가 소년의 기대를 충족시키지 못했다. 그래서 소년은 범법 행위로 눈길을 돌렸다. 법을 위반함으로써, 소년은 교육자와 가정교사의 통제에서 벗어날 수 있었다. 그때만 해도 사회가 범죄자를, 특히 아동 범죄자를 교육의 문제로, 말하자면 심리적 실수를 바로잡는 문제로 다룰 제도를 아직 마련하지 않았기 때문이다.

교육자의 자녀들

교직에 있어본 경험이 있는 사람이라면 누구나 잘 알고 있는, 호기심을 자극하는 사실이 하나 있다. 교사들과 목사, 의사와 변호사들의 가정에서 제멋대로 구는 아이들이 자주 발견된다는 점이다. 직업적으로 별로 두드러지지 않은 교육자들만 아니라 사회적으로 중요한 의견까지 제시하는 교육자들의 가정에서도 그런 예가 보인다.

전문성에 따르는 권위까지 확보했음에도 불구하고, 그 교육자는 자신의 가정에는 평화와 질서를 정착시키지 못하는 것 같다.

이에 대한 설명은 그런 가족들의 경우에 중요한 어떤 관점을 전적으로 무시하거나 제대로 이해하지 못하고 있다는 것이다. 예를 들어, 문제의 일부는 교육자인 부모가 권위를 바탕으로 가족에게 강요하려 드는 엄격한 규칙에서 비롯된다. 교육자로서 부모는 아이들을 지나치게 압박한다. 아이들의 독립을 위협하고, 종종 아이들에게서 독립을 박탈하기도 한다. 이런 식으로 아이들을 교육시키는 교육자 부모는 아이들의 내면에 부모의 압박에 복수하겠다는 마음을 일으키는 것 같다. 물론 부모의 압박은 아이들이 맞은 회초리에 대한 기억에 깊이 각인되어 있다.

또한 계획적인 훈육이 아이들에게 규칙을 특별히 엄격하게 준수할 것을 요구하게 된다는 사실도 기억해야 한다. 대부분의 경우에 계획적인 훈육은 대단히 유익하다. 하지만 자기 자식이 교육 대상이 되는 경우엔 이야기가 달라진다. 교육자 부모 밑에서 자라는 아이들은 지속적으로 관심의 중심에 서기를 원할 것이다. 이렇게 되면 아이들은 자신을 전시용 실험 대상으로 여기며, 타인들이 자신의 문제에 대한 책임을 지고 결정을 내려줄 것이라고 기대하게 된다. 그러면 타인들이 아이들의 모든 어려움을 제거해 줘야 하고, 아이들 자신은 어떠한 책임에서도 자유롭다고 느낀다.

4장
우월 욕구가 향하는 방향

모든 아이가 다 우월하기 위해 노력한다는 사실을 확인했다. 부모나 교육자가 할 일은 이 노력의 방향을 결실이 풍성하게 이뤄지는 쪽으로 돌려놓는 것이다. 부모나 교육자는 아이의 우월 욕구가 신경증이나 장애가 아닌 정신적 건강과 행복을 낳도록 유도해야 한다.

그렇다면 어떻게 하면 아이의 우월 욕구를 유익한 방향으로 돌려놓을 수 있을까? 우월을 위한 노력 중에서 유익한 것과 무익한 것을 구분하는 기준은 무엇인가? 이에 대한 대답은 공동체에 대한 관심이다. 인류가 이룩한 성취나 가치 있는 업적 중에서 공동체와 전혀 아무런 관련이 없는 것은 절대로 없다. 만약 고귀하고 고결하고 소중한 것으로 여겨지는 위대한 행동을 떠올린다면, 그 행동은 행위자 본인뿐만 아니라 전체 공동체에도 소중하다는 사실이 확인될 것이다. 따라서 아이에 대한 교육은 아이가 사회적 감정이나 공동체와의 연대감을 인식하게 하는 방향으로 이뤄져야 한다.

사회적 감정이라는 개념을 이해하지 못하는 아이들이 문제 아이가 된다. 쉽게 말해 우월을 추구하는 노력이 유익한 쪽으로 방향을 잡지 못한 아이들이 문제아가 된다는 뜻이다.

공동체에 대한 관심

무엇이 공동체에 유익한가 하는 문제를 놓고 의견 차이가 크게 나고 있는 것은 사실이다. 그러나 한 가지만은 확실하다. 어떤 나무를 놓고 판단할 때, 그 열매를 기준으로 삼을 수 있다는 점이다. 어떤 행동의 결과가 그 행동이 공동체에 유익한지 아니면 무익한지를 잘 보여줄 것이다. 이는 곧 시간과 효과를 고려해야 한다는 뜻이다. 어쨌든 행동은 틀림없이 현실 논리와 서로 교차하게 되어 있으며, 현실 논리와의 교차가 그 행동이 전체 공동체의 필요와 어떤 관계가 있는지를 보여줄 것이다. 가치를 평가하는 기준은 보편적인 구조이며, 조만간 행동이 이 기준과 모순되거나 부합한다는 사실이 드러나게 되어 있다.

우리가 일상의 삶에서 복잡한 판단 기술이 요구되는 상황에 자주 처하지 않는다는 사실은 꽤 다행이다. 사회 운동이나 정치적 경향 같은 것이라면, 그 영향을 명쾌하게 예측하는 것은 불가능하고 따라서 논쟁의 여지가 있다. 그러나 이런 예들에서조차도 개인의 삶뿐만 아니라 국민의 삶에 나타날 영향이 종국적으로 어떤 행위가 유익하고 진실한지 여부를 암시한다.

과학적 관점에서 볼 때, 어떤 것이 절대적 진리나 삶의 문제에 대한 올바른 해결책이 아니라면 우리는 그것을 놓고 모두에게 선하거나 유익한 것이라고 평가할 수 없다. 또 삶의 문제는 지구와 우주, 인간관계의 논리에 의해 결정된다. 이런 식으로 결정된, 객관적이고 인간적인 우주의 조건들이 마치 그 자체에 해답을 담고 있는 수학 문제처럼 우리를 직시하고 있다. 물론 우리 인간이 언제나 그런 문제를 해결할 수 있는 위치에 있는 것은 아니다. 어떤 해결책이 제시된다고 가정하자. 그럴 때면 문제와 관련 있는 자료들에 비춰가며 검증할 수 있을 때에만 우리는 그 해결책이 정확한지 여부를 결정할 수 있다. 간혹 어떤 해결책의 진실을 검증할 기회가 너무 늦게 와서 잘못을 바로잡을 시간을 전혀 갖지 못하게 되는 것은 유감스런 일이 아닐 수 없다.

자신의 삶의 구조를 논리적이고 객관적인 관점에서 보지 않는 개인들은 대부분 자신의 행동 패턴에서 일관성을 보지 못한다. 어떤 문제가 나타나기라도 하면, 그 사람들은 겁부터 먹는다. 그러면서 문제를 해결하려고 나서지 않고 길을 잘못 들어 그렇다는 식으로 지레 짐작해버린다. 문제들을 만나게 되어 있는 그런 길을 잘못 택했다는 식으로 판단해버리는 것이다.

아이들의 경우도 마찬가지이다. 아이들이 유익한 길을 벗어난다고 가정하자. 그런 경우에, 아이들은 부정적인 경험에서 긍정적인 가르침을 배울 수 있는 그런 입장이 못 된다. 이유는 간단하다. 아이들이 문제의 의미를 이해하지 못하기 때문이다. 따라서 아이에게 자신의 삶에 일어나는 일들을 서로 무관한 사건으로 볼 것이 아니라 서로 일관되게 같은 실로 연결되어 있는 사건으로 보라고 가르칠 필요가 있다. 아이에게 일어나는 어떤 일도 삶의 전체 맥락에서 벗어나 있을 수 없다. 아이에게 일어나는 일에 대한 설명은 오직 그 전에 아이에게 일어났던 모든 것들과의 관계 속에서만 가능하다. 이 같은 이치를 이해할 수 있게 될 때에야, 아이는 비로소 자신이 그릇된 길로 들어서게 된 이유를 제대로 파악할 수 있게 될 것이다.

게으름에 대한 분석

우월 욕구가 취하는 옳은 방향과 그릇된 방향의 차이를 더 깊이 논하기 전에, 개인 심리학의 일반 이론과 모순된 것처럼 보이는 종류의 행동을 살펴보는 것도 유익할 것이다. 바로 게으름이다. 겉을 보면, 모든 아이들이 자연스레 우월을 추구하려는 노력을 벌이게 되어 있다는 견해와 모순되어 보이는 그런 유형의 행동이다. 사실 게으른 아이가 듣는 잔소리는 곧 우월을 전혀 추구하지 않고 있다는 지적이나 마찬가지이다. 말하자면 야망이 전혀 없다는 꾸짖음이다.

그러나 게으름을 피우는 아이의 상황을 면밀히 검토한다면, 이 같은 일반적인 견해가 얼마나 잘못되었는지를 확인하게 될 것이다. 이때 게으름을 피우는 아이는 어떤 이점을 톡톡히 누리고 있다. 이런 아이에게는 다른 사람들의 기대가 전혀 따르지 않는다. 이 아이는 많은 것을 성취하지 못해도 어느 선까지는 용서가 된다. 아이는 애써 노력하지 않아도 된다. 따라서 태만하고 나태한 태도를 보인다.

그러나 이 아이는 바로 게으름 때문에 종종 각광을 받게 된다. 부모가 아이에게 신경을 쓸 필요가 있다고 판단하기 때문이다. 어떠한 대가를 치르더라도 맨 앞자리를 차지하고 말겠다고 나서는 아이들이 얼마나 많은지 한번 생각해 보라. 그러면 아이들이 게으름을 피우면서 자신을 두드러져 보이게 만들겠다고 나서는 이유가 쉽게 이해될 것이다.

그러나 이것도 게으름에 대한 심리학적 설명으로 완벽하지 않다. 곤란한 처지를 쉽게 넘어가는 수단으로 게으른 태도를 택하는 아이들도 많다. 그런 아이들의 무능력과 성취의 부족은 언제나 게으름의 탓으로 돌려진다. 그런 아이들을 보고 무능하다고 비난하는 소리는 좀처럼 들리지 않는다. 반대로 아이의 가족들은 언제나 "네가 게으르지만 않다면 뭘 못하겠니?"라는 식으로 말한다. 아이들은 게으르지만 않다면 무엇이든 성취할 수 있다는 식의 인정에 스스로 만족한다. 이 같은 인정은 자신감이 형편없는 아이의 에고를 달래주는 향유의 역할을 한다. 이런 인정은 곧 성공의 대체물이다. 아이들의 경우에만 그런 것이 아니다. 어른들도 마찬가지이다. "게으르지만 않다면 내가 못할 게 뭐가 있겠어?"라는 식의 불합리한 발언은 실패에 따른 좌절감을 달래준다.

그런 아이들이 정말로 무엇인가를 해낼 때, 아주 작은 성취도 아이들의 눈에는 엄청난 의미를 지니게 된다. 별로 중요하지 않은 성취도 성취가 전혀 없었던 이전과는 정반대의 느낌을 안겨준다. 그결과 아이는 그 성취로 인해 칭송의 소리를 듣게 될 것이다. 한편 언제나 능동적인 다른 아이들은 이보다 더 큰 성취에도 인정을 별로 받지 못한다.

따라서 게으름에 어떤 동기가 숨겨져 있다는 사실이 확인된다. 그런데 그 동기를 주변 사람들은 잘 이해하지 못한다. 게으른 아이들은 줄 아래에 그물망을 걸어놓고 줄을 타는 곡예사와 비슷하다. 그 아이들은 줄에서 떨어져도 하나도 다치지 않을 것이다. 게으른 아이에 대한 비난은 다른 아이들에 대한 비난보다 약하다. 그래서 게으른 아이들의 에고를 덜 모욕하게 된다. 무능하다는 소리를 듣는 것보다 게으르다는 소리를 듣는 것이 덜 고통스럽다. 요약하면, 게으름은 아이가 자신의 문제를 해결하려는 노력을 하지 않도록 막으면서 동시에 아이의 자신감의 결여를 가려주는 장막의 역할을 한다.

현재의 교육 방식을 고려한다면, 지금의 방식이 게으른 아이의 소망을 정확히 충족시켜주고 있다는 사실이 확인될 것이다. 게으른 아이를 비난하는 소리가 높을수록, 그 아이는 자신의 목표에 더 가까이 다가서게 된다. 사람들이 게으른 아이에게 관심을 지나치게 많이 쏟고 있다. 또 게으르다는 잔소리가 아이의 능력 문제에 쏟아야 할 관심을 엉뚱한 데로 돌려놓고 있다. 따라서 아이의 소망을 성취시켜주는 결과를 낳고 있다.

처벌도 이와 똑같은 방식으로 작동한다. 아이를 처벌함으로써 게으름을 바로잡을 수 있다고 생각하는 선생들은 언제나 실망하게 되어 있다. 아무리 가혹한 처벌도 게으른 아이를 근면한 아이로 바꿔놓지 못한다.

상황의 변화

만약 어떤 변화가 일어난다면, 그것은 상황의 변화에 따른 것이다. 예를 들면, 아이가 예상치 않은 성공을 거둘 때가 그런 상황 변화이다. 아니면 아이의 선생이 엄격한 선생에서 보다 온화한 선생으로 바뀌는 것도 그런 예이다. 온화한 성격의 선생은 아이를 더 잘 이해하고, 마음을 열고 아이와 대화하고, 아이가 그나마 조금 갖고 있던 용기를 더 약화시키지 않고 더 강화시킬 것이다. 새로운 상황에서 간혹 게으름이 돌연 활동성으로 바뀌는 경우가 있다. 그렇기 때문에 학교에 입학한 첫해에 뒷걸음질 치던 아이들이 새로운 학교로 옮기자마자 학교 환경의 변화 때문에 갑자기 아주 성실한 모습을 보이기도 한다.

게으름을 구실로 탈출을 추구하지 않는 일부 아이들은 꾀병을 부림으로써 유익할 활동을 피한다. 또 다른 아이들은 시험 시간이 되면 유별나게 흥분하는 모습을 보이기도 한다. 바짝 긴장하는 모습을 보이면 자신에게로 걱정의 눈길이 쏠리는 느낌을 받기 때문이다. 울음보를 자주 터뜨리는 아이에게도 이와 똑같은 심리적 경향이 나타난다. 울거나 흥분하는 것은 곧 특별한 대접을 간청하는 것이나 마찬가지이다.

말 더듬는 버릇

일부 결함을 근거로 특별한 배려를 요구하는 아이들도 이 부류에 포함시킬 수 있다. 예를 들면, 말을 더듬는 아이들이 있다. 어린 아이들을 접해 본 경험이 많은 사람들은 거의 모든 아이들이 말을 시작할 때 더듬는 경향을 약간씩 보인다는 사실을 잘 알고 있다. 모두가 잘 알고 있듯이, 언어의 발달은 많은 요소들, 특히 사회적 감정의 크기에 따라 빨라지거나 늦어진다. 사회성이 있는 아이들, 말하자면 사람들과 접촉하길 좋아하는 아이들은 사람들을 피하는 아이에 비해서 말을 훨씬 더 빨리, 더 쉽게 배운다.

말이 필요 없는 상황도 있다. 예를 들면, 지나치게 보호를 많이 받으며 응석받이로 크는 아이의 경우에는 아이가 어떤 소망이든 품기만 하면 주변 사람들이 그것을 충족시켜준다. 그렇게 되면 아이는 자신의 욕구를 표현할 기회조차 갖지 못하게 된다.

아이가 네댓 살이 되도록 말을 배우지 못하면, 부모는 농아가 되는 게 아닌가 하고 걱정하기 시작한다. 그러나 곧 아이들이 주변의 말을 잘 들을 수 있다는 사실이 확인될 것이다. 그런 한편, 아이들이 정말 말이 필요 없는 환경에서 살고 있는 것이 관찰되기도 한다. 모든 것이 은쟁반에 담겨져 아이에게 전해질 때, 아이는 말을 할 욕구를 전혀 느끼지 못하게 된다. 그러면 당연히 아이는 말을 늦게 배울 수밖에 없을 것이다.

언어는 아이의 우월 욕구를 보여줌과 동시에 우월 욕구가 발달하는 방향까지 알려준다. 아이는 우월을 위한 노력을 표현하기 위해 말을 해야 한다. 이때 아이가 말로 자신의 뜻을 전해서 가족에게 기쁨을 안겨주기도 한다. 어떤 형식으로든 이런 유형의 표현이 일어날 가능성이 전혀 없을 때, 당연히 아이의 언어 발달엔 어려움이 예상

된다.

일부 자음의 발음에 어려움을 겪는 등 다른 유형의 언어 장애도 있다. 이 모든 장애들은 치료 가능하다. 그렇기 때문에 말을 더듬거나 혀 짧은 소리를 하거나 조리 있게 말하지 못하는 성인들이 너무 많다는 사실이 오히려 더 놀랍다.

대부분의 아이들은 말 더듬는 것을 자연스럽게 극복한다. 극소수의 아이들만 치료가 필요하다. 언어 장애를 치료하는 과정이 어떤 식으로 전개되는지는 13세 된 소년의 예를 통해 쉽게 확인할 수 있다. 소년이 여섯 살일 때, 의사가 처음 소년의 치료를 시작했다. 치료가 1년 동안 이어졌지만, 성공적인 결과가 나오지 않았다. 그리고 전문가의 도움을 받지 않은 가운데 1년의 세월이 흘렀다. 그러다 다른 의사가 1년 동안 소년을 치료했다. 이 치료 역시 성공적인 결과를 얻지 못했다. 4년째 되던 해에는 아무 조치를 취하지 않았다. 그러다 5년째가 되던 해에 2개월 동안 소년은 언어 교정 전문가에게 맡겨졌다. 그런데 소년의 상황이 더 나빠졌다. 얼마 있다가 소년은 다시 언어 장애를 전문적으로 치료하는 기관에 맡겨졌다. 2개월 동안 이어진 치료는 약간 성공을 거두었다. 그러나 6개월이 지나자 다시 원래 상태로 돌아갔다.

이어서 8개월 동안 다른 언어 교정 전문가가 치료를 맡았다. 이번에는 향상되기는커녕 상황이 오히려 점점 더 나빠지는 모습을 보였다. 또 다른 의사가 나섰으나 역시 성공을 거두지 못했다. 그 다음 해 여름 동안에 소년은 향상을 보였으나 방학이 끝나자마자 원래의 말투로 돌아가 버렸다.

대부분의 치료는 소년이 글을 큰 소리로 읽고 말을 천천히 하는 연습으로 이뤄졌다. 치료 형식이 재미있을 때에만 향상을 보이다가 곧 예전의 상태로 돌아가는 것이 특징이었다. 소년이 아주 어릴 때 이층에서 떨어져 뇌진탕을 일으킨 적은 있었지만, 소년의 발성 기관에는 아무런 결함이 없었다.

이 소년을 1년 동안 지켜본 선생은 그에 대해 "양육이 잘 되었고 성실하지만 쉽게 얼굴이 붉어지고 다소 예민한" 소년으로 묘사했다. 프랑스어와 지리가 소년이 가장 힘들어 하는 과목이었다. 시험 시간이 되면 소년은 특별히 흥분하는 모습을 보였다. 소년의 특별한 관심사에 대해 선생은 체조와 스포츠에 취미가 있고 기술적인 분야에 흥미를 느낀다는 기록을 남겼다. 소년은 어떠한 면으로도 리더의 자질을 보이지 않았다. 급우들과 잘 지냈으나 어린 동생과 이따금 다투었다. 소년은 왼손잡이였으며, 그 전 해에 오른쪽 얼굴에 마비를 겪었다.

이젠 소년의 가족 환경을 보자. 사업가였던 소년의 아버지는 매우 신경질적이었으며, 아들이 말을 더듬을 때면 심하게 꾸짖었다. 그럼에도 불구하고 소년은 자기 엄마를 아버지보다 더 무서워했다. 소년은 가정교사를 두고 있었으며, 따라서 소년이 집을 벗어날 기회는 거의 없었다. 소년은 오히려 자유가 없는 것을 다행으로 여겼다. 또 자신의 어머니가 불공평하다고 생각했다. 어머니가 동생을 총애한다는 이유에서였다.

이런 사실들을 근거로 하면, 다음과 같은 설명이 가능할 것이다. 소년이 수시로 얼굴을 붉히는 것은 사회적 접촉을 해야 할 때마다 내면에 긴장이 높아지고 있다는 점을 보여준다. 말하자면 얼굴이 붉어지는 것은 말을 더듬는 버릇의 사촌인 것이다. 소년이 좋아하는 선생마저도 말을 더듬는 소년의 버릇을 고쳐놓지 못했다. 이유는 말을 더듬는 버릇이 소년의 내면에 녹아들어 타인에 대한 전반적 혐오를 표현하고 있었기 때문이다.

말을 더듬는 이유가 외부 환경에 있지 않고 말을 더듬는 사람 본인이 환경을 지각하는 방식에 있다는 것을 우리는 잘 알고 있다. 소년의 민감성은 심리적으로 매우 중요하다. 소년은 수동적인 아이가 아니다. 인정과 우월에 대한 소년의 욕구가, 약한 천성을 가진 대부분의 사람들에서 보듯, 그 민감성으로 나타나고 있다. 그의 낙담을 뒷받침하는 또 다른 증거는 소년이 어린 동생하고만 싸운다는 사실이다. 시험을 앞두고 나타나는 소년의 흥분은 시험에서 좋은 성적을 거두지 못할 수도 있고 또 자신이 다른 아이들만큼 유능하지 못할 수도 있다는 두려움 때문에 긴장이 고조되고 있다는 것을 보여준다. 소년은 열등감을 강하게 느끼고 있으며, 이 열등감이 우월 욕구를 무익한 방향으로 돌려놓고 있다.

집에서의 상황이 학교만큼 호의적이지 않은 한, 소년은 기꺼이 학교에 간다. 집에서는 어린 동생이 무대의 중심을 독차지하고 있다. 신체적 부상이나 두려움이 그가 말을 더듬는 원인이 될 수는 절대로 없다. 그러나 신체적 부상이나 두려움이 그에게서 용기를 빼앗았을 수는 있다. 가족 안에서 소년을 옆으로 밀어붙인 동생이 그에게 신체적 부상이나 두려움보다 훨씬 더 큰 영향을 미쳤다.

소년이 여덟 살 때까지 야뇨증으로 힘들어 했다는 사실도 중요하다. 야뇨증은 대부분 응석받이로 자라다가 "왕관"을 빼앗기게 된 아이들에게 나타나는 징후이다. 소년의 야뇨증은 소년이 밤에마저도 엄마의 관심을 놓고 싸움을 벌였다는 것을 암시한다. 이 소년의 경우에 야뇨증은 소년이 혼자 지내는 문제를 아직 제대로 해결하지 못했다는 사실을 보여주는 신호이다.

이 소년은 주위의 격려를 받고 독립하는 방법을 배우면 말 더듬는 것을 치료할 수 있다. 소년에게 혼자 힘으로 성취할 수 있는 임무를 제시해야 한다. 이 임무의 성취를 통해서 소년은 자신에 대한 믿음을 얻을 수 있다. 소년은 동생의 출생이 자신에겐 싫은 일이라는 점을 인정한다. 이제 소년에게 그 같은 질투가 어떤 식으로 본인에게 나쁘게 작용하는지를 이해시켜야 한다.

말을 더듬는 행위에 수반되는 징후들에 대해 아직 할 말이 많다. 한 예를 들면, 심리학자들은 사람이 흥분하게 되면 어떤 일이 일어나는지에 대해서도 알기를 원한다. 말을 더듬는 사람들도 화를 내는 순간에는 말을 더듬는 기미를 전혀 보이지 않고도 상대방을 말로 공격할 수 있다. 또한 나이가 많은 말더듬이들도 무엇인가를 외우거나 사랑에 빠져 있을 때에는 말을 아주 유창하게 한다. 이런 예들은 말을 더듬게 하는 결정적인 요소는 다른 사람들과의 관계에 있다는 점을 암시한다. 결정적인 순간은 소년이 자신과 타인 사이에 어떤 연결을 확고히 해야 할 때나 말로 자신을 표현해야 할 때 내면에서 긴장이 크게 올라가는 대치의 순간이다.

어떤 아이가 별다른 어려움을 겪지 않고 말을 배울 때, 아무도 그 아이가 말을 배우는 데 대해 관심을 기울이지 않는다. 그러나 아이가 말을 배우는 데 어려움을 겪을 때, 집안에서는 그 외의 다른 일은 논의조차 되지 않는다. 말더듬이가 관심의 초점에 서게 되는 것이다. 가족 모두가 아이에게 매달린다. 그러면 아이는 당연히 자신의 말에 지나치게 많은 주의를 기울이게 된다. 아이는 의식적으로 표현을 통제하기 시작한다. 정상적으로 말을 배우는 아이들이 하지 않는 짓이다.

자동적으로 작동해야 할 기능을 의식적으로 통제하기 시작하면, 그 기능이 갑자기 부자연스러워진다는 사실을 우리 모두 잘 알고 있다. 이를 보여주는 좋은 예가 오스트리아 소설가 구스타프 마이링크(Gustav Meyrink)의 동화 '두꺼비의 탈출'에 제시된다. 두꺼비는 천 개의 발을 가진 동물을 만나자마자 이 놀라운 동물의 힘을 찬양하기 시작한다. 두꺼비는 이렇게 묻는다. "천 개의 발 중에서 어느 발을 가장 먼저 떼는지, 그리고 나머지 999개의 발은 어떤 순서로 움직이는지 나에게 말해줄 수 있겠니?" 그러자 노래기는 생각에 잠기다가 자신의 발의 움직임을 관찰하기 시작한다. 그런 식으로 발을 통제하기 시작하자, 노래기는 혼란에 빠져 발을 하나도 움직이지 못하게 되고 만다.

삶의 과정을 의식적으로 통제하려고 노력하는 것도 중요할 수 있지만, 각각의 움직임을 통제하려고 시도하는 것은 해롭다. 사람들이 걸작을 창작할 수 있는 때는 바로 창작에 필요한 육체적 움직임을 자동화할 수 있을 때이다.

말을 더듬는 버릇이 장래 아이의 가능성에 재앙에 가까운 악영향을 미치고 또 아이가 성장하는 동안에 명백히 장애로 작용함에도 불구하고, 그 버릇을 없애려고 노력하지 않고 오히려 자신의 무능에 대한 구실로 내세우는 사람들이 여전히 많다. 이는 미래에 대한 믿음을 전혀 갖지 않은 부모와 아이에게도 똑같이 적용된다. 특히 미래에 대한 희망이 없는 아이는 다른 사람들에게 기대고 또 겉으로 드러나는 단점을 근거로 유리한 입장을 고수하는 것에 만족한다.

겉으로 명백히 드러나는 단점이 유리하게 작용하는 경우가 아주 많다는 사실은 발자크(Honoré de Balzac)의 어느 소설에 잘 드러나고 있다. 발자크는 흥정을 하며 상대방을 이용하려 드는 2명의 소매상에 대한 이야기를 들려주고 있다. 두 사람이 협상을 벌이는데 느닷없이 한 사람이 말을 더듬기 시작한다. 그러자 다른 사람이 경각심을 느끼면서 상대방이 말을 더듬으며 생각을 정리할 시간을 벌고 있다는 사실을 눈치 챈다. 그도 재빨리 그에 대응할 무기를 찾다가 갑자기 아무것도 들리지 않는 척 시늉을 해보였다. 이제 말을 더듬는 사람이 오히려 더 불리한 입장에 놓이게 되었다. 상대방이 자신의 말을 듣도록 하기 위해 큰 소리를 지르느라 신경을 곤두세워야 했기 때문이다. 이리하여 둘 사이에 다시 균형이 확립되었다.

말을 더듬는 사람을 죄인 다루듯 해서는 안 된다. 이 소설에서 보듯, 간혹 말을 더듬는 사람이 시간을 벌거나 타인을 기다리게 만드는 일이 있더라도 말이다. 말을 더듬는 아이가 있으면 아이가 용기를 갖도록 더욱 적극적으로 격려하고 또 부드럽게 대해줘야 한다. 부모나 선생이 아이의 용기를 더욱 많이 키워주고 다정한 태도로 상황을 제대로 이해시킬 수 있을 때에만, 말을 더듬는 버릇이 치료될 것이다.

5장
열등 콤플렉스

우월을 위한 노력과 열등감은 모든 사람의 내면에서 서로 함께 작용하고 있다. 사람들이 노력하는 이유는 열등감을 느끼기 때문이다. 사람들은 성공적인 노력을 통해서 열등감을 극복한다. 그러나 성공을 위한 노력의 메커니즘이 방해를 받지 않거나 열등감이 신체기관의 열등에 대한 심리적 반응으로 인해 견딜 수 없을 만큼 커지지 않는다면, 열등감은 심리적으로 그다지 중요하지 않다. 만약에 열등감이 견딜 수 없을 만큼 커진다면, 열등 콤플렉스가 생기게 된다. 비정상적인 열등감을 말한다. 열등 콤플렉스는 반드시 쉬운 보상과 피상적인 만족을 추구하고 그와 동시에 장애를 극대화하는 한편으로 용기를 불어넣지 않음으로써 성취를 이룰 길을 가로막게 된다.

이 맥락에서, 말을 더듬던 열세 살 된 그 소년의 예를 다시 보도록 하자. 앞에서 본 대로, 지속적으로 말을 더듬는 버릇은 부분적으로 소년의 낙심 때문이며 또 말을 더듬는 버릇은 거꾸로 낙심을 더욱 키운다. 따라서 신경증적인 열등 콤플렉스의 악순환이 확인된다. 소년은 숨기를 원한다. 또 희망도 포기했다. 심지어 자살까지 생각했다. 소년에게 있어서 말을 더듬는 버릇은 그의 삶의 패턴을 표현하는 것이자 그 패턴을 지속시키는 것이기도 하다. 말을 더듬는 행위는 주변 사람들에게 강한 인상을 남기고, 소년을 관심의 중심에 서게 하고, 그리하여 심리적 불안을 누그러뜨려준다.

소년은 뭔가 두드러진 존재가 되겠다는, 다소 과도하고 그릇된 목표를 세웠다. 소년은 언제나 평판을 위해 노력할 것이다. 따라서 소년은 천성이 선하고, 다른 사람들과도 잘 어울리고, 일을 깔끔하게 처리할 수 있다는 사실을 늘 증명해보여야 했다. 무엇보다도 소년은 패배를 경험할 경우에 알리바이를 제시할 수 있어야 한다고 느꼈다. 이 알리바이가 바로 말을 더듬는 버릇이었다. 따라서 이 소년의 예는 아주 중요하다. 왜냐하면 대부분의 시간을 보면 소년의 삶은 유익한 쪽으로 방향을 잡고 있기 때문이다. 소년의 판단력과 용기가 떨어지는 현상은 오직 한 가지 면에서만 나타났다.

낙심의 무기들

물론 말을 더듬는 버릇은 용기를 잃은 아이들이 자신의 능력으로 성공하지 못할 것이라는 점을 믿게 될 때 동원하는 수많은 무기 중 하나에 지나지 않는다. 이 낙심의 무기들은 자연이 동물에게 스스로를 보호할 수 있도록 준 무기, 즉 발톱이나 뿔과 비슷하다. 아이가 낙심의 무기들을 갖게 된 원인이 아이들의 약함에 있다는 것은 쉽게 확인된다. 그런 이상한 무기를 갖지 않고는 세상을 살아나가지 못하는 데 대한 절망이 그런 무기를 갖게 하는 원인인 것이다.

그런 무기의 역할을 할 수 있는 것은 참으로 많다. 대소변을 가리지 않는 것 외에는 다른 무기를 전혀 갖지 않은 아이들도 있다. 대소변을 가리지 않는 것은 곧 아이가 별다른 노력을 하지 않아도 살아갈 수 있는 유아의 단계에서 벗어나고 싶지 않아 한다는 것을 암시한다. 이런 아이들은 방광이나 장에 별다른 결함이 없다. 이런 아이들은 단지 대소변을 가리지 않는 것을 주위의 관심을 끄는 수단으로 이용하고 있다. 대소변을 가리지 못해 간혹 또래들의 놀림감이 되어도 그 버릇은 쉽게 사라지지 않는다. 따라서 그런 징후는 병으로 다룰 것이 아니라 열등 콤플렉스나 우월을 위한 위험스런 노력의 표현으로 여겨야 한다.

말을 더듬는 버릇이 생기게 되는 과정은 쉽게 상상된다. 처음에는 아마 아주 작은 생리적 원인에서 비롯되었을 것이다. 앞에 예로 든 소년은 오랫동안 독자로 지냈다. 그 동안엔 어머니가 끊임없이 이 소년만을 돌보았다. 그렇게 성장하다가, 소년은 자신이 어머니의 관심을 더 이상 충분히 받지 못하고 있다는 느낌을 받았을 것이다. 또 자신의 요구사항이 제대로 받아들여지지 않는다는 사실도 깨달았을 것이다. 그래서 소년은 어머니의 관심을 자신에게로 돌려놓게 할 꾀를 새로 생각해냈다. 이제 말을 더듬는 것이 대단한 중요성을 지니게 되었다. 소년은 자신의 말을 듣는 사람들이 자신의 입을 유심히 바라본다는 사실을 깨달았다. 따라서 말을 더듬는 버릇을 통해서 소년은 그렇게 하지 않았더라면 동생에게 쏠렸을 시간과 관심을 자신에게로 돌려놓을 수 있었다.

학교에서도 사정은 이와 다르지 않았다. 소년은 자신에게 시간을 많이 쏟는 선생을 발견했다. 따라서 말을 더듬은 결과 소년은 학교에서나 집에서 우월한 위치를 차지하게 되었다. 소년은 착한 학생들이 누리는 인기도 부럽지 않게 되었다. 틀림없이 소년도 착한 학생이었다. 그러나 말을 더듬게 된 결과 매사를 보다 수월하게 넘길 수 있게 되었다.

말을 더듬는 버릇 때문에 선생이 소년에게 더 다정하게 대하게 되었지만, 이 방법은 권장할 만한 것이 못 된다. 소년은 자신이 응당 받아야 한다고 생각하는 만큼 관심을 받지 못하면 다른 소년들보다 더 심한 상처를 입었다. 소년이 가족의 울타리 안에서 관심을 끄는 문제는 동생의 등장으로 인해 민감한 주제가 되었다. 정상적인 아이와 달리, 소년은 자신의 관심을 타인에게로 확장하는 능력을 전혀 발달시키지 못했다. 소년은 어머니를 가족 중에서 가장 중요한 사람으로 여겼다. 그러면서 다른 사람들을 철저히 배제했다.

이런 아이를 다룰 때에는 용기를 북돋워주는 것이 무엇보다 중요하다. 그러면서 아이가 자신의 힘과 능력을 믿도록 만들어야 한다. 엄한 조치를 취해 아이를 놀라게 만들 것이 아니라, 동정적인 태도를 바탕으로 아이와 다정한 관계를 구축하는 것이 중요하다. 그러나 이것만으로는 절대로 충분하지 않다. 다정한 관계를 이용하여 아이가 향상을 위해 지속적으로 노력하도록 용기를 불어넣어줘야 한다. 아이가 독립적으로 행동하도록 유도하기만 하면 된다. 그러면서 다양한 장치를 이용하여 아이가 정신적 및 육체적 힘에 대한 믿음을 다시 갖도록 하면 된다. 아직 성취하지 못한 것도 근면과 인내, 용기를 발휘하면서 연습하면 언제든 성취할 수 있다는 점을 아이가 제대로 이해할 수 있어야 한다.

아이들을 위한 교육에서 일어날 수 있는 최악의 실수는 부모나 교육자가 나쁜 길로 빗나가는 아이를 앞에 놓고 나쁜 결말을 예언하는 것이다. 그런 바보 같은 예언은 사태를 더욱 악화시키기만 할 것이다. 왜냐하면 그것이 아이의 겁을 키워놓을 것이기 때문이다. 부모나 교육자는 빗나간 아이 앞에서 이와 정반대의 모습을 보여야 한다. 아이를 최대한 낙관적으로 대하며 응원을 보낼 줄 알아야 한다. 베르길리우스가 말했듯이, "아이들은 할 수 있다고 생각하기 때문에 할 수 있다".

아이가 굴욕감을 느끼게 하거나 수치심을 느끼게 하면 아이의 행동이 개선된다는 식의 생각은 절대로 품지 말아야 한다. 비웃음을 살까 두려워하는 아이가 행동에 변화를 주는 것처럼 보일 때가 간혹 있을지라도, 그런 믿음을 가져서는 절대로 안 된다. 조롱을 통한 자극이 얼마나 불건전한지를 보여주는 예를 하나 소개한다.

헤엄을 치지 못한다는 이유로 친구들로부터 끊임없이 놀림을 당하던 소년이 있었다. 이 소년은 놀림을 더 이상 참아내지 못할 지경에 이르렀다. 그래서 소년은 다이빙대로 올라가 물로 뛰어내렸다.

소년은 수영을 하지 못한 탓에 어려운 구조 작업 끝에 가까스로 목숨을 구할 수 있었다. 평판을 깎일 위험에 처한 겁쟁이는 자신의 겁을 상쇄할 짓을 곧잘 한다. 그러나 그 짓이 적절한 경우는 좀처럼 없다. 그것은 겁을 대하는, 그야말로 쓸모없고 겁쟁이 같은 방식이다. 진짜 겁은 소년이 친구들 사이에서 자신의 입지를 잃게 될까 두려워하며 수영을 하지 못한다는 점을 인정하지 못하는 사실에 있다. 소년은 무모하게 물속으로 뛰어드는 것으로 겁을 치료하지 못했을 뿐만 아니라 오히려 사실들을 직시하지 않는, 겁쟁이 같은 성향을 더 강화하고 말았다.

겁쟁이

겁은 언제나 인간관계를 훼손시키는 한 특성이다. 늘 자신의 문제를 지나치게 걱정한 나머지 남을 전혀 고려하지 않게 된 아이는 동료에게 피해를 안기면서까지 자신의 평판을 지키려 들 것이다. 따라서 겁은 개인주의적이고 호전적인 태도를 낳게 되어 있다. 이 같은 태도는 사회적 감정을 없앨 것이다. 그럼에도 다른 사람들의 의견에 대한 두려움까지 지워지지는 않는다.

겁쟁이는 언제나 다른 사람들에게 조롱을 당하거나 무시를 당하게 되지 않을까 두려워한다. 동시에 지위가 떨어지는 것에 대해서도 무서워한다. 따라서 겁쟁이는 언제나 다른 사람들의 의견에 휘둘리게 된다. 겁쟁이는 마치 적국에 살고 있는 사람과 비슷하다. 겁쟁이는 의심과 시기, 이기심 같은 성격적 특성을 발달시킨다.

겁쟁이 유형의 아이들은 종종 비판적이고 잔소리가 많은 사람으로 성장한다. 남을 칭찬할 줄도 모르고 남이 칭찬을 받게 되면 분노를 느끼는 그런 사람이 되기 쉽다. 어떤 아이가 자신의 성취를 통해서가 아니라 다른 사람들을 깎아내림으로써 다른 사람을 능가하길 원할 때, 그것은 약함의 신호이다. 아이들에게서 타인들을 적대시하는 감정을 지우는 것이 교육의 임무이다. 아이들에게서 그런 징후를 눈치 챘다면 그 징후를 없애주려는 노력이 당연히 요구된다. 물론 그런 징후를 눈치 채지 못하는 사람도 용서가 될 것이지만, 그 사람은 겁으로 인해 성격에 생기는 바람직하지 못한 특징을 바로잡는 방법은 절대로 배우지 못할 것이다.

그러나 아이가 세상이나 삶과 조화를 이뤄나가도록 하고, 또 아이에게 아이의 실수를 정확히 보여주고 동시에 아이가 원하는 것은 필요한 노력을 기울이지 않고 평판을 지키는 것이라는 점을 설명해주는 것이 중요하다는 사실을 안다면, 아이를 교육시킬 방향이 더욱 분명하게 드러날 것이다. 아이들이 서로에게 다정한 감정을 더 많이 품도록 가르쳐야 한다. 또 아이들이 형편없는 점수를 받거나 뭔가를 잘못한 아이들을 얕보지 않도록 가르쳐야 한다. 그런 식으로 가르치지 않으면, 성적이 좋지 않거나 뭔가를 잘못한 아이는 쉽게 열등 콤플렉스를 일으키며 용기를 잃게 된다.

어떤 아이가 미래에 대한 믿음을 잃게 되면, 그 아이에게서 현실로부터 뒤로 물러나려는 태도가 보이고 삶의 해로운 측면에서 보상을 받으려는 노력을 펴는 것이 확인될 것이다. 교육자의 가장 중요한 임무는 어떠한 아이도 학교에서 낙심하지 않도록 하는 것이다. 이미 낙심한 상태에서 학교에 입학한 아이까지도 학교와 선생을 통해서 자신에 대한 믿음을 다시 가질 수 있어야 한다. 신성한 임무라고까지 불리는 이 임무는 교육자의 사명이다. 왜냐하면 미래를 밝은 마음으로 희망적으로 보는 아이들이 없다면 어떠한 교육도 가능하지 않기 때문이다.

일시적으로 나타나는 낙담도 있다. 특히 야심적인 아이들이 이런 낙담을 자주 보인다. 마지막 시험까지 다 치고 직업을 선택해야 하는 상황에 처한 아이들은 자신이 진전을 이루고 있음에도 불구하고 가끔 희망을 잃는다. 또 일부 야심적인 아이들은 시험에서 일등을 성취하지 못할 때 한동안 노력을 포기하는 경우가 종종 있다. 무의식에서 오랫동안 서서히 커지던 갈등이 돌연 폭발하는 경우도 있다. 이 갈등은 정신착란이나 불안 신경증 같은 것으로 나타날 수 있다. 이런 아이들은 언제나 하던 것을 다 마무리하지도 않은 상태에서 다른 것을 시작하는 모습을 보일 것이다. 이런 아이들이 나중에 어른이 되면 직장을 자주 바꿀 것이다. 무엇이든 제대로 마무리할 수 있다는 믿음을 절대로 갖지 못하고 언제나 패배를 두려워하기 때문에 생기는 현상이다.

아이의 자기평가

그렇다면 아이의 자기평가가 아주 중요해진다. 그러나 아이에게 질문을 던져서 아이가 자신에 대해 진정으로 어떻게 생각하고 있는지를 파악하는 것은 불가능하다. 이 문제에 아주 노련하게 접근한다 해도, 아이의 입에서는 언제나 불확실한 대답만 나올 뿐이다. 자신에 대해 꽤 괜찮은 존재라고 생각한다고 대답하는 아이들이 있는가 하면, 아무런 가치가 없다고 대답하는 아이들도 있다. 자신에 대해 아무 가치가 없다고 대답하는 아이들을 면밀히 조사해 보면, 주변의 어른들이 "천하에 쓸데없는 놈!"이라거나 "바보 같으니!"라는 소리를 입에 달고 산다는 사실이 확인될 것이다.

이런 무시무시한 비난에도 마음의 상처를 받지 않을 수 있는 아이는 절대로 없다. 그러나 자신의 능력을 실제보다 낮게 평가함으로써 자신의 에고를 보호하는 아이들도 있다.

아이들에게 질문을 던지는 방법으로는 아이가 자신에 대해 어떻게 판단하고 있는지를 알지 못한다 해도 별로 큰 문제가 되지 않는다. 아이들이 자신의 문제에 접근하는 태도를 직접 관찰할 수 있는 방법이 있기 때문이다. 예를 들어, 아이가 어떤 문제를 다룰 때 자신감 있고 결단력 있는 태도를 보일 수도 있고 아니면 낙담한 아이들에게 자주 나타나듯, 머뭇거리는 태도를 보일 수도 있다. 망설이는 아이의 예를 든다면, 앞을 향해 용감하게 걷기 시작하다가 임무에 다가설수록 걸음이 느려지고 비틀거리다가 임무 바로 앞에서 모든 행동을 멈춰버리는 그런 아이가 될 것이다. 그런 아이들은 게으른 아이로 묘사되기도 하고 멍청한 아이로 묘사되기도 한다. 묘사는 서로 다르지만, 결과는 언제나 똑같다. 그런 아이들은 정상적인 아이들과 달리 자신의 일을 제대로 처리하지 못하고 언제나 방해로 힘들어할 것이다. 간혹 어떤 아이는 나이 많은 사람들을 속여서 자신을 능력 없는 아이로 보도록 만들기도 한다. 지금까지 이야기한 모든 그림을 마음에 그리면서 개인 심리학의 원리들에 비춰본다면, 전체 문제가 바로 자신감의 결여, 즉 자신에 대한 과소평가로 압축된다는 사실이 드러날 것이다.

우월을 그릇된 방향으로 추구하는 노력을 고려할 때, 철저히 자기중심적인 사람은 사회 속의 불순물이나 다름없다는 점을 기억해야 한다. 우월을 부적절하게 추구하려다 그만 자기 외의 다른 사람은 전혀 고려하지 않게 된 아이들이 종종 보인다. 그런 아이들은 적대감을 품고, 법을 어기고, 탐욕스럽고, 이기적이다. 그런 아이들은 어떤 비밀을 발견하기만 하면 언제나 남을 해치는 데 그것을 이용할 것이다.

그런데 품행이 정말 형편없는 아이들의 내면에서 인간적인 특성이 발견되기도 한다. 어딜 가나 인간 사회에 대해 소속감을 느끼기 때문에 생기는 특성이다. 비록 아이의 삶의 계획이 협력과 거리가 멀고 또 사회적 감정을 발견하는 것이 더욱 어려워질지라도, 아이의 에고와 주변 세상의 관계는 어떻게든 표현되게 되어 있다. 어른들은 아이를 보면서 열등감이 숨어 있다는 점을 보여주는 신호들을 포착하려고 노력해야 한다.

내면의 열등감이 표현되는 형식은 무수히 많다. 가장 먼저, 아이의 눈길이 있다. 눈은 빛을 받아 다른 곳으로 전하는 신체기관일 뿐만 아니라 사회적 소통을 하는 신체기관이기도 하다. 어떤 사람이 타인을 보는 눈길은 그 타인과 연결을 맺고자 하는 의향의 크기를 보여 준다. 모든 심리학자와 작가들이 인간의 눈길을 크게 강조하는 이유도 바로 거기에 있다. 우리 모두는 타인이 우리를 보는 방식을 통해서 그 사람이 우리에게 어떤 의견을 품고 있는지를 짐작한다. 말하자면 우리는 타인의 눈길에서 그 사람의 영혼의 한 자락을 발견하려고 노력한다. 실수를 저지르거나 잘못 해석할 가능성이 늘 있음에도 불구하고, 아이의 눈길을 근거로 그 아이가 다정한 아이인지를 판단하기는 다소 쉽다.

어른들의 얼굴을 정면으로 바라보지 못하는 아이들은 의심해볼 필요가 있다. 그렇다고 해서 그런 아이들이 양심이 나쁘거나 성적으로 나쁜 버릇을 가진 아이라는 뜻은 아니다. 사람을 곁눈으로 보는 것은 단지 그 사람과 얽히고 싶지 않다는 것을 암시할 뿐이다. 그런 눈길은 아이가 동무들의 사회에 가까이 가지 않으려 한다는 점을 암시한다. 당신이 어떤 아이를 불렀을 때, 그 아이가 당신과의 사이에 두는 거리도 의미를 지닌다. 많은 아이들은 어느 정도 거리를 둔다. 먼저 무슨 일인지를 알고 싶어 하고 그런 다음에 필요하다는 판단이 설 때에만 가까이 다가설 것이다. 아이들은 가까운 접촉을 의심의 눈으로 본다. 왜냐하면 아이들이 과거의 좋지 않은 경험을 일반화하면서 그 지식을 잘못 활용하고 있기 때문이다. 일부 아이들이 어머니나 선생에게 몸을 기대는 경향을 관찰하는 것도 흥미롭다. 아이가 기꺼이 다가서려 드는 사람이 그냥 아이가 말로만 사랑한다고 하는 사람보다 아이에게 훨씬 더 중요한 존재이다.

활기찬 걸음걸이와 머리를 곧추세운 자세, 단호한 목소리와 겁 없는 태도로 자신감과 용기를 드러내 보이는 아이들이 있다. 그런 한편 누가 말을 걸어오기라도 하면 즉시 위축되며 열등감을 보이거나 상황에 제대로 대처하지 못할까 두려움을 보이는 아이들이 있다.

가족의 분위기

열등 콤플렉스를 분석하다 보면, 많은 사람들이 원래부터 열등감을 타고났다는 식으로 믿고 있다는 사실이 확인될 것이다. 이 의견은 틀렸다. 아무리 용기 있는 아이일지라도 어느 때고 겁 많은 아이로 바꿔놓을 수 있기 때문이다. 겁 많은 아버지와 어머니를 둔 아이는 아마 마찬가지로 겁이 많은 아이로 자랄 것이다. 아이가 겁을 타고 나서 그런 것이 아니다. 아이가 두려움이 팽배한 그런 환경에서 자랐기 때문이다.

아이의 발달에는 가족의 분위기와 부모의 성격적 특성이 가장 중요하다. 학교에서 외톨이로 지내는 아이들은 대부분 타인들과 거의 혹은 전혀 관계를 맺지 않고 사는 가족의 아이들이다. 물론 그런 경우에 타고난 성격의 탓으로 돌리고 싶은 마음이 생길 것이다. 그러나 그건 틀린 이론이다. 신체기관이나 뇌에 어떤 물리적 변화를 주더라도 타인과 접촉하지 못하는 무능력을 생겨나게 하지는 못한다. 그러나 그런 기이한 태도를 직접 낳는 것은 아니지만 그래도 그런 태도의 발달이 이해된다고 느끼게 만드는 요소들은 있다.

이 문제를 이론적으로 이해하는 데 도움을 줄 가장 간단한 예가 허약한 신체기관을 갖고 태어나 한동안 아팠고 또 고통과 약한 체질 때문에 힘들게 살아가고 있는 아이이다. 그런 아이들은 자기 자신에게 깊이 몰두하며 외부 세계를 힘들고 적대적인 것으로 여긴다. 그런 경우에는 제2의 해로운 요소가 작용하고 있다. 허약한 아이는 삶을 헤쳐 나가도록 도와줄 사람을 찾아야 한다. 이 사람은 아이에게 헌신할 것이고, 이 같은 헌신과 보호적인 태도가 아이의 내면에 강한 열등감을 일으킬 것이다. 모든 아이는 몸집과 힘에서 어른과 차이가 난다는 것을 알고는 상대적 열등감을 갖게 된다. 그런 상황에서 "아이들은 조용해야 하는 법이야."라는 식의 잔소리를 귀가 따갑도록 듣게 된다면, "작다"는 느낌이 더 강해진다.

이 모든 것들은 아이가 불리한 입장에 처해 있다는 사실을 더 예리하게 느끼게 만든다. 그러면서도 아이는 자신이 다른 사람들보다 작고 약하다는 깨달음을 쉽게 받아들이지 못한다. 자신이 작고 약하다는 생각이 예리하게 느껴질수록, 아이는 더욱 크고 더욱 강한 존재가 되기 위해 더 열심히 노력할 것이다. 인정을 받으려는 아이의 노력은 여기서 또 다른 동력을 얻는다. 아이는 자신의 삶을 환경 안의 타인들의 삶과 조화를 이루는 쪽으로 이끌지 못하고 "오직 너만 생각하라!"라는 새로운 원칙을 만들어 낸다. 그러면 아이는 자기만을 생각하는 유형의 아이가 된다.

허약하고 병약하고 못생긴 아이들의 대부분은 심각한 열등감을 갖고 있다고 봐도 무방하다. 이 아이들의 경우 열등감이 2가지 극단적인 형태로 나타난다. 누가 말을 걸어오면 주춤하며 겁을 먹는 모습을 보이거나 공격적으로 나오게 된다. 2가지 형태의 행동은 겉으로 보기에는 완전히 달라 보이지만 똑같은 원천에서 비롯되는 것으로 확인될 것이다. 그런 아이들은 인정을 받으려 노력하는 과정에 어떤 때는 말을 거의 하지 않다가도 어떤 때는 말을 지나치게 많이 함으로써 자신의 진짜 모습을 드러낸다. 이 아이들의 사회적 감정은 아무런 쓸모가 없다. 이 아이들이 삶에 아무것도 기대하지 않고 자신도 내놓을 게 아무것도 없다고 믿고 있기 때문에도 그렇고, 또 이 아이들이 사회적 감정을 개인적인 목적으로만 쓰기 때문에도 그렇다. 이 아이들은 리더와 영웅이 되기를 원하고 언제나 무대의 중심에 서길 원한다.

어떤 아이가 몇 년 동안 잘못된 방향으로 자신을 훈련시키고 있었다면, 단 한 차례의 대화로 아이의 행동 패턴을 변화시키길 기대하는 것은 말이 되지 않는다. 교육자는 인내심을 발휘해야 한다. 아이가 스스로 향상을 꾀하다가 이따금 퇴보하는 모습을 보인다면, 아이에게 향상이란 것은 원래 빨리 이뤄지는 것이 아니라는 점을 설명하는 것도 간혹 유익할 수 있다. 이런 설명은 아이가 마음을 차분하게 가라앉히도록 돕고 또 실망하는 일이 없도록 한다. 어떤 아이가 2년 동안 수학에서 부족한 면을 보여 왔다면, 그 아이가 2주 안에 부족한 실력을 다 따라잡는 것은 아마 불가능할 것이다. 그러나 아이가 부족한 부분을 메울 수 있다는 사실에는 논란의 여지가 없다. 정상적인 아이, 즉 용기 있는 아이는 무엇이든 메울 수 있다. 아이의 무능은 잘못된 발달, 말하자면 기이하고 무정하고 무례한 쪽으로 형성된 성격 때문이라는 것이 거듭 확인될 것이다. 정신이 박약한 아이가 아닌 한, 문제 행동을 하는 아이들을 돕는 것은 언제나 가능하다.

무능이나 소심함, 어색함, 무관심 등은 정신박약의 증거가 될 수 없다. 정신이 박약한 아이를 보면 언제나 뇌 발달의 결함을 보여주는 육체적 흔적이 남아 있다. 이 육체적 결함은 뇌의 발달에 영향을 미치는 분비기관들에 의한 것일 수 있다. 이런 육체적 결함은 가끔 시간이 흐르면 사라진다. 남는 것은 원래의 육체적 결함이 남긴 정신적 흔적뿐이다. 말하자면 원래 신체기관이 약해서 허약했던 아이는 몸이 건강해진 후에도 몸이 약했을 때처럼 행동할 수 있다는 뜻이다.

우리는 여기서 한 걸음 더 나아갈 수 있어야 한다. 심리적 열등과 자기중심적인 태도는 신체기관의 열등과 육체적 허약의 과거 역사의 산물일 수도 있고, 신체기관의 열등과 전혀 아무런 관계가 없는 환경에 의해서도 초래될 수 있다는 점을 지적해야 한다. 심리적 열등과 자기중심적인 태도는 잘못된 양육, 즉 사랑이 없는 양육에 의해 생겨날 수도 있다. 이런 경우에 아이에게 삶은 그저 불행일 뿐이며 아이는 환경에 대해 적대감을 품게 된다. 그 결과는 신체기관의 열등으로 인한 심리적 삶의 장애에 따른 결과와 똑같지는 않아도 많이 비슷하다.

사랑이 없는 환경에서 성장한 아이들을 다룰 때에는 당연히 큰 어려움을 예상해야 한다. 그런 아이들은 심리학자나 교육자와 마주할 때 자신을 해치려는 사람들을 대할 때와 똑같이 대할 것이다. 학교에 가라는 식의 달램은 어떤 것이든 아이에겐 압박으로 느껴질 것이다. 아이들은 언제나 속박되어 있다는 느낌을 받을 것이며 힘이 닿는 데까지 최대한 반항하려 들 것이다. 이 아이들은 급우들에게도 올바른 태도를 보이지 못한다. 행복한 어린 시절을 누린 급우들을 질투하기 때문이다.

쓰린 마음의 상처를 안고 있는 이 아이들은 종종 다른 사람의 삶을 망쳐놓는 것을 즐기는 그런 성격을 키운다. 이 아이들에겐 자신의 환경을 극복할 용기가 충분하지 않다. 그래서 아이들은 자기보다 약한 아이들을 억누르거나 피상적인 우정을 통해서 남들보다 우위에 섬으로써 무력감을 보상하려고 노력한다. 그러나 이런 우정은 다른 아이들이 지배당하는 것을 참아줄 수 있을 때까지만 이어질 것이다. 그러다 보면 아이들은 자기보다 열악한 상황에 처한 아이들하고만 우정을 맺기에 이른다. 고통을 당하는 사람들에게 특별히 끌리는 어른들이 있는 것이나 마찬가지이다. 아니면 이 아이들은 자기보다 어리거나 더 가난한 아이들을 선호한다. 소년들이라면 간혹 특별히 섹스를 생각하지 않으면서도 부드럽고 순종적인 유형의 소녀를 선호한다.

6장

아이의 발달: 열등 콤플렉스 예방

어떤 아이가 걸음을 배우는 데 비정상적일 만큼 오랜 시간이 걸렸더라도 일단 걸음을 배우자마자 정상적으로 걷게 될 때, 이 아이는 평생 동안 이어질 그런 열등 콤플렉스를 일으키지 않을 수 있다. 그러나 그 외에는 정신적 발달이 정상인 아이는 움직임의 자유를 방해하는 어떠한 제한에도 늘 강한 인상을 받게 되어 있다. 이 아이는 자신의 상황이 불행하다고 느낄 것이다. 그러면서 자신의 상황에서 비관적인 결론을 끌어낼 가능성이 있다. 이 비관적인 결론은 아이의 미래의 행동 방향에 영향을 미치게 될 것이다. 이 아이에게 나타난 육체적, 기능적 결함이 훗날 사라진 뒤에도 비관적 결론의 영향은 계속 이어질 수 있다. 한때 구루병을 앓은 탓에 완쾌된 뒤에도 그 흔적을 갖고 있는 아이들이 많다. 굽은 다리, 서툰 몸짓, 폐렴, 머리의 기형, 굽은 척추, 굵은 발목, 약한 관절, 나쁜 자세 등이 그 흔적이다.

그런 아이들의 정신에 남는 것은 아이들이 병을 앓는 동안에 얻게 되는 패배감과 그에 따른 비관적 성향이다. 그런 아이들은 다른 동무들은 자기와 달리 매우 쉽게 움직인다는 사실을 확인하면서 열등감에 짓눌리게 된다. 그러면서 자신을 과소평가하면서 둘 중 한 과정을 밟게 된다. 자신감을 완전히 잃고 나아지려는 노력을 거의 하지 않게 되거나, 아니면 육체적 장애에도 불구하고 자신보다 운이 좋은 친구들을 따라잡기 위한 노력을 절망적으로 벌이든가 할 것이다. 분명 아이들은 자신의 상황을 제대로 평가할 수 있을 만큼 지능이 충분히 발달되어 있지 않다.

현실에 대한 해석

아이의 발달을 결정하는 것은 아이가 타고난 능력도 아니고 객관적인 환경도 아니며 아이가 외부 현실을 해석하는 방향이라는 사실이 아주 중요하다. 아이가 세상에 태어날 때 타고나는 잠재력이 가장 중요한 것도 아니다. 또 아이의 상황에 대한 성인의 판단도 그다지 중요하지 않다. 근본적으로 중요한 것은 바로 어른이 아이가 처한 상황을 아이의 눈으로 보고 또 아이의 결함 있는 판단력으로 해석하는 것이다.

아이가 논리적으로 행동한다고 단정하지 말아야 한다. 말하자면 어른의 상식에 따라 아이를 판단해서는 안 된다. 아이들은 자신의 입장을 해석하면서 언제든 실수를 저지른다는 점을 인정해야 한다. 정말이지, 아이들이 실수를 저지르지 않는다면 아이들을 대상으로 한 교육 자체가 불가능할 것이다. 아이가 저지르는 실수가 타고나는 것이라면, 우리는 아이를 교육시키지도 못하고 향상시키지도 못할 것이다. 따라서 성격적 특징이 타고나는 것이라고 믿는 사람은 아이들을 교육시키지도 못하고 또 교육시켜서도 안 된다.

건강한 신체에서 언제나 건강한 정신이 발견된다는 말은 진리가 아니다. 육체적 장애에도 불구하고 용기로 삶을 직시할 때, 병든 신체에서도 건강한 정신이 발견된다. 그런 한편, 어떤 아이가 육체적으로 건강하지만 부적절한 일련의 환경 때문에 자신의 능력을 잘못 해석하게 된다면, 아이는 정신적으로 건강하지 않을 것이다. 어떤 과제를 완수하는 데 한 번 실패하게 되면, 아이들은 종종 자신은 무능하다고 믿어버리게 된다. 아이들이 곤경에 특별히 민감하게 반응하며 각 장애물을 자신의 능력 부족을 뒷받침하는 증거로 여기기 때문에 나타나는 현상이다.

어떤 아이들은 걸음걸이를 배우는 데도 어려움을 겪고 말을 배우는 데도 힘들어 한다. 대체로 보면 말을 배우는 것과 걸음을 배우는 것은 동시에 일어난다. 물론 이 두 가지 배움은 서로 연결되어 있지 않으며 아이 양육과 가족 환경에 크게 좌우된다. 다른 일에는 전혀 어려움을 보이지 않던 일부 아이들이 말을 쉽게 배우지 못하는 경우도 있다. 가족이 아이가 말을 배울 수 있도록 도와주지 않을 때 그런 일이 일어난다. 그러나 귀가 멀지 않고 발성 기관이 완벽한 아이는 비교적 이른 나이에 말을 배움에 틀림없다.

어떤 환경에서는, 특히 시각적인 요소가 극도로 발달한 환경에서는 말을 배우는 것이 더딜 수 있다. 또 다른 경우를 보면 부모들이 아이가 자신을 표현하도록 내버려두지 않고 아이를 대신해 모든 것을 말해줌으로써 결과적으로 아이들을 망치기도 한다. 그런 아이는 말을 배우는 데 아주 오랜 시간이 걸리기 때문에 간혹 귀가 안 들리는 게 아닌가 하는 우려를 낳기도 한다. 그러다가도 최종적으로 말을 배우기만 하면, 아이는 말에 대한 관심이 워낙 큰 나머지 훗날 웅변가가 되기도 한다.

슈만의 아내 클라라 슈만도 네 살 때까지 말을 하지 못했으며 여덟 살 때에도 말이 아주 서툴렀다고 한다. 그녀는 특이한 아이였으며, 말수가 아주 적고, 부엌에서 빈둥거리며 시간을 보내길 좋아했다. 이 사실만으로도 우리는 아무도 그녀를 귀찮게 하지 않았을 것이기 때문에 그녀가 말을 할 기회를 갖지 못했을 것이라는 결론을 끌어낼 수 있다. 그녀의 아버지는 "정말 기이한 성격이었지만, 그런 심각한 정신적 불협화음은 경이로운 조화로 가득한 삶의 시작이었다."고 말했다. 그녀의 삶은 과도한 보상의 한 예이다.

귀가 들리지 않아 말을 못하는 아이들은 특별 교육을 받아야 한다. 그런 과정을 거칠 경우에 완전히 말을 못하게 되는 예가 줄어들 수 있기 때문이다. 아이의 청각에 아무리 심한 장애가 있더라도, 들을 능력이 조금이라도 남아 있다면 그 능력을 극대화할 수 있다. 독일 로스톡 대학의 카츠(David Katz) 교수는 음악적 소질이 없는 것으로 여겨지던 아이를 음악과 소리의 아름다움을 완벽하게 이해하는 아이로 훈련시킬 수 있다는 사실을 보여주었다.

간혹 보면, 학과목 대부분에서 괜찮은 성적을 거두는 아이가 한 과목에서, 특히 수학에서 실패하는 경우가 있다. 그런 경우에 사람들은 그 아이를 보면서 혹시 약간 저능한 아이가 아닌가 하고 의심하게 된다. 산수를 제대로 소화시키지 못한 아이들이 언젠가 그 과목 때문에 낭패를 본 다음에 모자라는 부분을 만회하려다 그만 낙담하는 일은 언제든지 일어날 수 있다. 그러나 세상에는 특히 예술가들 중에 계산을 하지 못했다는 사실을 오히려 자랑으로 여기는 사람들이 있다. 수학은 소년보다 소녀에게 더 힘든 과목이라는 통념은 잘못되었다. 탁월한 수학자들과 통계학자들 중에 여자들도 많다. 그런데도 여학생들은 종종 "남자가 여자보다 셈을 더 잘 한다"는 인식에 낙담한다.

아이가 계산을 할 줄 아는지 여부는 중요하다. 수학은 인간들에게 안전감을 주는 몇 안 되는 지식 분야 중 하나이다. 수학은 우리를 둘러싼 카오스의 세계에 숫자로 질서를 부여하는 사고 작용이다. 불안감을 강하게 느끼는 사람들은 대체로 계산을 잘 못한다.

이는 다른 과목에도 마찬가지로 통한다. 내면의 의식에만 알려진 소리를 종이에 담는 작업인 글씨기는 그 사람에게 안전감을 준다. 그림도 순간적인 시각적 인상에 영원성을 불어넣는다. 체육과 무용은 특히 자신의 신체에 대한 통제를 통해서 육체적 안전을 성취했음을 보여주는 표현이다. 이는 아마 아주 많은 교육자들이 운동에 대한 믿음을 강하게 갖는 이유일 것이다.

어린이들의 내면에서 열등감이 두드러지게 형성될 수 있는 경우는 수영을 배울 때이다. 어떤 아이가 수영을 쉽게 배운다면, 그것은 아이가 다른 어려움을 극복할 수 있음을 보여주는 좋은 신호이다. 수영을 배우면서 어려움을 겪는 아이는 자신에 대한 믿음이 떨어지고 수영 교사에 대한 믿음도 떨어진다. 처음에 어려움을 겪은 많은 아이들도 훗날 탁월한 수영선수가 된다는 사실에 주목할 필요가 있다. 이 선수들은 최초의 어려움에는 민감했지만 그 다음의 성공에 자극 받아 완벽을 목표로 잡고 훈련한 아이들이다. 이 아이들이 수영 챔피언이 되는 경우가 자주 있다.

가족의 역할

아이가 특별히 한 사람에게만 집착하는지 아니면 여러 사람에게 관심을 두는지를 아는 것이 중요하다. 대체로 보면, 아이는 엄마에게 강하게 매달리거나 아니면 엄마를 실망시키면서 가족의 다른 구성원에게 매달린다. 정신박약아나 바보가 아닌 이상, 모든 아이에게는 사람에게 집착할 줄 아는 능력이 있다. 어떤 아이가 자기 엄마의 손에 길러지고 있는데 정작 가족의 다른 구성원에게 강한 애착을 느끼고 있다면, 그때는 그 이유를 찾아내는 것이 아주 중요하다. 분명히 말하지만, 어떤 아이도 자기 엄마한테 모든 애정과 관심을 집중해서는 안 된다. 왜냐하면 엄마의 가장 중요한 역할이 아이의 관심과 믿음을 다른 사람들에게로 확장시키도록 하는 것이기 때문이다.

조부모도 아이의 발달에 중요한 역할을 한다. 대체로 보면 응석을 받아주는 역할이다. 늙어가는 사람들이 응석에 약한 이유는 자신이 더 이상 필요하지 않은 존재가 되지 않을까 걱정하기 때문이다. 나이 많은 사람들은 열등감을 지나치게 키우고, 따라서 잔소리를 늘어놓는 비판자의 역할을 맡거나 한없이 너그러운 노인의 역할을 맡는다. 노인들이 너그러운 사람의 역할을 맡을 때에는 자신이 아이에게 중요한 존재가 되기 위해 아이의 어떠한 요구도 거부하지 않게 된다. 조부모 댁을 방문한 아이들이 어떠한 응석을 부려도 다 받아주는 분위기에 넘어가 규율이 엄격한 자기 집으로 돌아가지 않겠다고 떼를 쓰기도 한다. 이런 아이들은 집으로 돌아오자마자 할아버지 집에 있을 때만큼 재미없다고 투덜거릴 것이다. 여기서 조부모들이 아이의 삶에서 맡게 되는 역할을 언급하는 이유는 교육자들에게 아이의 라이프스타일을 조사할 때 이 점까지 간과하지 말라는 뜻이다.

구루병에 걸려 동작이 서툴게 된 뒤 오랫동안 동작에 개선이 보이지 않는다면, 이는 대체로 그 아이가 오냐오냐 하며 무엇이든 받아주는 분위기에서 지나친 보살핌을 받고 있다는 점을 말해주는 신호이다. 엄마는 아이가 아프거나 특별한 주의를 필요로 할 때조차도 아이의 독립심을 죽이지 않을 수 있을 만큼 지혜를 발휘할 수 있어야 한다.

한 가지 중요한 사항은 아이가 문제를 많이 일으키는지 여부이다. 아이가 문제를 끊임없이 일으킨다면, 그것은 틀림없이 엄마가 아이에게 지나치게 매달리고 있기 때문에 일어나는 현상이다. 말하자면 엄마가 아이의 내면에 독립심을 키워주지 못한 것이다. 아이의 말썽은 잠자리에 들 때나 일어날 때, 식사를 하거나 몸을 씻을 때 나타난다. 간혹 악몽이나 야뇨로 나타나기도 한다. 이 모든 징후들은 사람의 관심을 끌려는 시도이다. 각 징후가 돌아가며 나타나기도 한다. 그럴 때면 마치 아이가 나이 많은 사람을 지배하려는 싸움에서 무기를 하나씩 새로 발견해내는 것처럼 보인다. 어떤 아이가 그런 징후를 보일 때, 그의 환경에 틀림없이 문제가 있다고 보면 된다. 이때 처벌은 도움이 되지 않는다. 그런 아이들은 언제나 부모가 자신을 처벌하도록 집적거린다. 자신을 처벌해봐야 아무 소용이 없다는 점을 보여주려는 마음에서다.

아이의 지능

특별히 중요한 물음은 아이의 지능의 발달에 관한 것이다. 이 물음에 정확한 대답을 내놓기는 어렵다. 알프레드 비네(Alfred Binet)가 개발한 지능 테스트를 받도록 하라는 소리가 들린다. 그러나 이 테스트도 언제나 믿을 만한 결과를 내놓는 것은 아니다. 다른 지능 테스트도 마찬가지이다. 어떤 지능 테스트의 결과든 마치 아이를 평생 동안 따라 다니는 그런 불변의 상수처럼 여겨져서는 안 된다.

대체로 보면, 지능의 발달은 가족 환경에 크게 좌우된다. 좋은 환경에 사는 가족들은 아이들을 도울 수 있고, 육체적 발달 상태가 좋은 아이들은 비교적 좋은 정신적 발달을 보인다. 유감스럽게도, 가족의 환경이 아주 중요하기 때문에 정신적 성장을 부드럽게 이룬 아이들은 훗날 "양질의 일"이나 좋은 직장을 얻을 확률이 높은 반면, 정신적 성장이 더딘 아이들은 훗날 천한 일을 맡을 확률이 높다. 관찰 가능한 범위 안에서 보면, 많은 나라에서 허약한 아이들을 위해 도입하고 있는 특별 학급은 이 아이들 대부분이 가난한 집안의 아이들이라는 사실을 보여주고 있다. 여기서 끌어낼 수 있는 결론은 가난한 집안의 아이들도 조금 더 좋은 환경에서 살게 된다면 틀림없이 물질적 환경이 더 좋은 가정에서 태어난 복 많은 아이들과 성공적으로 경쟁할 수 있게 될 것이라는 점이다.

아이의 반항

유심히 관찰해야 할 또 다른 사항은 아이가 조롱의 대상이 되고 있거나 집적거림 때문에 낙담하고 있는지 여부이다. 일부 아이들은 이런 낙담을 견뎌낼 수 있다. 그런 한편으론 용기를 잃고 다소 어려움이 따르게 마련인 유익한 일을 피하며 외모에 관심을 쏟는 아이들도 있다. 이런 모습은 아이가 자신에 대한 믿음을 강하게 품지 못하고 있음을 말해준다. 아이가 자신이 먼저 공격적으로 나오지 않으면 다른 아이들이 공격해올 것이라고 걱정하면서 끊임없이 다른 아이들과 싸울 때, 거기선 아이가 적대적인 환경에 처해 있음을 말해주는 단서가 발견될 것이다. 그런 아이들은 반항하는 성향을 강하게 보일 것이다. 아이가 복종을 종속의 신호로 믿기 때문에 나타나는 현상이다. 그런 아이들은 인사를 다정하게 받아주는 것까지도 지위 강등으로 여기기 때문에 인사조차도 퉁명스럽게 받는다. 그런 아이들은 또 절대로 불평을 하지 않는다. 다른 사람의 동정을 개인적 수치로 여기기 때문이다. 그런 아이들은 다른 사람들 앞에서 절대로 울지 않으며 울어야 할 때에도 간혹 웃음을 짓는다. 그런 모습은 이따금 사람들에게 감정의 결여로 비치기도 하지만 단지 약함을 내비치는 것을 두려워한다는 점을 암시할 뿐이다.

악한 행위 치고 내면의 은밀한 허약에서 나오지 않는 행위는 없다. 진짜로 강한 아이는 악한 감정을 절대로 품지 않는다. 반항적인 아이들은 종종 지저분하고, 개인적으로 태만하고, 손톱을 물어뜯고, 코를 후비고 또 다루기가 매우 힘들다. 그런 아이들에게는 용기가 최고다. 동시에 아이에게 아이의 그 같은 행동이 단지 약하게 보이지 않을까 하는 두려움에서 비롯된다는 점을 분명히 알려줘야 한다.

사회성

아이가 친구를 쉽게 사귈 것인지 아니면 외톨이로 지낼 것인지, 또 아이가 리더가 될 것인지 추종자가 될 것인지는 다른 사람들과 접촉하는 능력에 좌우된다. 말하자면 사회적 감정 혹은 낙담의 정도와 관계가 있다는 뜻이다. 아이의 사회성은 또 복종하거나 지배하려는 욕구와도 관계가 있다. 외톨이로 지내는 아이는 다른 아이들과 경쟁할 만큼 자신감을 키우지 못했다는 점을 보여준다. 아니면 우월을 위한 노력이 너무 강해서 자신의 개성이 군중 속에 묻혀버릴까 두려워하고 있다는 점을 암시하기도 한다.

물건을 수집하는 경향을 가진 아이들은 스스로를 두드러지게 만들어 남들을 능가하고 싶은 욕구를 품고 있을 수 있다. 물건을 수집하는 경향은 위험하다. 왜냐하면 그 같은 경향이 쉽게 도를 넘을 수 있는 탓에 부적절한 야망이나 탐욕으로 발전할 수 있기 때문이다. 그런 아이들은 자신이 무시당하거나 간과되고 있다고 믿게 되면 쉽게 물건을 훔치려 든다. 이는 그런 아이들이 다른 아이들에 비해 관심의 결여를 더 강하게 느끼기 때문이다.

학교를 대하는 태도

이제는 아이가 학교를 대하는 태도를 보도록 하자. 아이가 학교에 지각하는지, 학교 가는 것에 대해 흥분을 느끼는지(이 흥분이 학교에 가기 싫어하는 마음을 숨기는 경우가 자주 있다)를 유심히 관찰해야 한다. 아이가 어떤 상황 앞에서 품는 두려움은 다양한 방법으로 표현된다. 끝내지 못한 숙제가 있을 때, 아이는 안달하는 모습을 보인다. 긴장 상태로 인해 아이의 심장 박동이 빨라질 수도 있다. 이때 신체기관에 특별한 변화가 일어나는 경우도 있다. 성적인 흥분도 한 예에 속한다.

아이에게 점수를 매기는 것은 언제나 권장할 만한 방법은 아니다. 만약 어른들이 그런 식으로 분류하지 않는다면, 아이들은 엄청난 부담에서 벗어날 수 있을 것이다. 학교가 일종의 상설 시험 기관이 되어버렸다. 아이들이 좋은 점수를 얻기 위해 언제나 노력해야 하는 그런 공간이 되어버린 것이다. 그런 가운데 나쁜 점수는 영원히 지워지지 않는 낙인이 된다.

아이가 숙제를 스스로 알아서 하는가, 아니면 시켜야만 하는가? 숙제 하는 것을 잊는다는 것은 책임을 회피하려는 경향을 보여준다. 학교 공부에 대한 불만이 간혹 학교를 탈출하려는 수단으로 이용되기도 한다. 아이가 다른 것을 하고 싶어 할 때 그런 모습을 자주 보이게 된다.

혹시 아이가 게으르게 구는가? 학교 공부를 제대로 따라잡지 못하는 아이는 그에 대한 이유로 무능보다 게으름을 제시하길 더 좋아한다. 게으른 아이가 한 가지 일을 잘 처리할 때, 아이는 주변의 사람들로부터 "그것 봐. 게으름을 피우지 않으니 되잖아."라는 소리를 자주 듣는다. 아이는 이 같은 의견에 만족한다. 왜냐하면 자신이 능력을 입증할 필요가 더 이상 없게 되었다는 생각을 품기 때문이다. 용기가 없고, 집중을 하지 못하고, 언제나 의존하는 나태한 아이도 이 유형에 속한다. 관심을 끌기 위해 교실에서 소란을 피우는 응석받이 아이도 이 유형에 속한다.

아이가 선생을 대하는 태도가 어떤가 하는 질문에 대한 대답은 쉽지 않다. 아이들은 선생에 대한 진짜 감정을 언제나 숨긴다. 어떤 아이가 학교 친구들을 끊임없이 비판하며 얕잡아보려고 할 때, 거기서 어른들은 그 아이의 자신감이 형편없다는 사실을 확인하게 될 것이다. 그런 아이들은 거만하고, 모든 것을 다른 아이보다 더 잘 아는 척군다. 이 같은 태도는 그 아이들의 약함을 가리고 있다.

다루기가 더 힘든 아이들은 무관심하고, 냉담하고, 수동적인 아이들이다. 이런 아이들도 탈을 쓰고 있다. 속마음은 그렇게 무관심하지 않기 때문이다. 이런 아이들이 통제할 수 없는 상황으로 내몰리게 되면, 그에 대한 반응은 일반적으로 격분의 형태를 띠거나 자살 시도로 나타난다. 이런 아이들은 지시가 있을 때까지 아무것도 안 한다. 이 아이들은 퇴보를 두려워하고, 다른 사람들을 과대평가한다. 이런 아이들은 반드시 용기를 갖도록 격려해 줘야 한다.

체육이나 운동에 야심을 보이는 아이들은 자신들이 다른 방향으로도 야심을 품고 있지만 패배할까 두려워하고 있다는 사실을 드러내기도 한다. 평균적인 수준보다 훨씬 더 많은 글을 읽는 아이들은 용기가 부족하며 책읽기를 통해서 파워를 얻기를 바랄 수도 있다. 그런 아이들은 상상력이 풍부한 삶을 영위하고 있지만 현실을 직면하는 능력은 크게 떨어진다. 아이들이 소설, 동화, 전기, 여행기 혹은 객관적인 과학 등 어떤 장르의 책을 선호하는지를 유심히 살피는 것도 중요하다. 사춘기에 아이들은 포르노에 쉽게 끌린다. 대도시 어디를 가나 포르노물을 파는 서점이 있다는 사실은 불행이 아닐 수 없다. 점점 강해지는 성욕과 성 경험에 대한 갈망이 이쪽 방향으로 아이들의 생각을 돌려놓는다. 이런 해로운 영향력을 물리치는 데 다음과 같은 수단이 도움을 줄 것이다. 아이들이 시민으로서의 역할을 제대로 수행할 수 있도록 준비시키고, 어릴 때부터 성에 대해 명확히 배우게 하고, 부모와 친한 관계를 지켜나갈 수 있게 되면, 성적인 문제는 크게 신경을 쓰지 않아도 될 것이다.

가족의 조건도 중요하다. 가족 중에 알코올 중독, 신경증, 폐결핵, 매독, 간질 등으로 힘들어 하는 사람이 있을 때 아이들에게 특별히 신경을 써야 한다. 아이의 육체적 역사에 대해서도 잘 알고 있어야 한다. 입으로 숨을 쉬는 아이는 정상적인 호흡을 방해하는 아데노이드와 편도선으로 인해 얼굴 형태가 바뀔 수 있다. 이런 장애를 제거하는 것이 중요하다. 간혹 보면 수술을 받은 아이가 호흡 상태가 개선되고 얼굴 형태가 바로잡아질 것이라는 믿음에 용기를 얻어 학교 생활을 더 잘 하게 되기도 한다.

가족의 병이 자주 아이의 발달을 저해한다. 만성적으로 아픈 부모들은 아이에게 큰 부담으로 작용한다. 신경증과 정신적 장애는 가족 전체를 짓누르게 된다. 아이에겐 가능하다면 가족 중에 정신적 장애를 앓고 있다는 것을 알게 하지 않는 것이 바람직하다. 정신적 장애는 가족 전체에 그림자를 드리운다. 폐결핵이나 암도 마찬가지이다. 그런 질병은 아이의 마음에 무서운 인상을 남긴다. 아이를 그런 가족 분위기에서 벗어나게 하는 것이 훨씬 더 바람직할 때가 간혹 있다. 가족 내의 만성적 알코올 중독이나 범죄 성향은 아이가 좀처럼 저항하지 못하는 독처럼 작용한다. 그러나 아이들을 그런 가정에서 적절히 떼어 놓는 데에도 어려움이 따른다. 간질 환자들은 대체로 짜증이 많으며 가족생활의 조화를 깨뜨린다. 그러나 최악의 경우는 매독 환자이다. 매독 환자를 부모로 둔 아이들은 대체로 매우 허약하고 그 병을 물려받으며, 삶을 사는 것 자체를 무척 힘들어 한다.

가족의 물질적 조건

가족의 물질적 조건이 아이의 인생관에 영향을 미친다는 사실도 간과해서는 안 된다. 다른 아이들의 보다 나은 환경과 비교할 때, 빈곤은 불충분하다는 감정을 낳는다. 괜찮은 환경에서 살던 아이들은 가세가 기울기라도 하면 예전의 안락을 누리지 못하게 되었다는 사실에 대단히 힘들어 한다. 조부모들이 부모보다 더 잘 사는 상황이 벌어지면, 아이들이 느끼는 긴장은 더욱 커진다. 나태한 아버지에 대한 항의로 근면해지는 아이도 종종 있다.

죽음에 대한 경험

갑자기 찾아오는 죽음과의 첫 조우는 아이의 인생 자체를 바꿔놓을 정도로 충격으로 다가온다. 아직 죽음을 알 준비가 되어 있지 않은 상태에서 갑자기 맞닥뜨리게 되면 아이는 가장 먼저 삶에도 끝이 있다는 사실을 깨닫게 된다. 이 같은 사실이 아이를 완전히 낙담시키거나 겁을 먹게 만들 것이다. 의사들의 전기를 보면, 죽음과의 갑작스런 접촉이 의사라는 직업을 선택하게 만들었다는 내용이 자주 보인다. 이는 아이가 죽음에 대한 깨달음에 깊이 영향을 받는다는 점을 보여주는 증거이다. 아이들에게 죽음의 문제로 부담을 주는 것은 바람직하지 않다. 아이들로서는 아직 죽음을 제대로 이해할 수 없기 때문이다. 고아나 의붓자식들은 종종 자신의 불행을 부모가 일찍 죽은 탓으로 돌린다.

가정의 결정권

가족 안에서 결정권을 쥔 사람이 누구인지를 아는 것도 중요하다. 대체로 결정적인 목소리를 내는 사람은 아버지이다. 어머니나 의붓어머니가 가족을 지배할 때, 가족이 비정상적으로 돌아가기 쉽고 아버지가 자식의 존경을 잃게 된다. 가족을 지배하는 어머니 밑에서 자라는 아들은 여자에 대한 공포증 같은 것을 느끼는데, 이 공포증은 좀처럼 사라지지 않는다. 그런 경험을 한 남자들은 여자를 피하거나 여자를 만나더라도 제대로 편안하게 대해 주지 않게 된다.

가정 교육

아이에 대한 교육이 엄격했는지 아니면 부드러웠는지를 아는 것도 중요하다. 개인 심리학자들은 아이 양육에 엄격한 방법이나 부드러운 방법이 동원되어야 한다고 믿지 않는다. 아이 양육에 필요한 것은 이해력과 실수의 배제, 그리고 아이가 자신의 문제를 직시하며 직접 풀고 또 사회적 감정을 배양하도록 용기를 불어넣는 것이다. 아이들에게 끊임없이 잔소리를 하는 부모는 아이들을 망쳐놓고 있는 셈이다. 잔소리가 아이를 완전히 낙담시킬 수 있기 때문이다. 응석을 받아주는 식의 교육은 의존적인 태도를 낳고 한 사람에게 집착하는 경향을 낳는다. 부모는 세상을 장밋빛으로 그리는 것도 피해야 하고 비관적으로 묘사하는 것도 피해야 한다. 부모의 임무는 아이가 삶의 준비를 최대한 잘할 수 있도록 돕는 것이다. 그러면 아이는 스스로를 돌볼 수 있게 될 것이다. 문제를 직면하는 방법을 배우지 못한 아이들은 모든 문제를 피하려 들 것이며, 이 같은 태도가 활동을 점점 더 좁히는 악순환의 고리를 만들어낸다.

누가 아이들을 책임지고 있는지를 아는 것도 중요하다. 엄마가 반드시 아이들과 함께 있을 필요는 없다. 그러나 엄마는 아이들을 돌보고 있는 사람이 누구인지는 알고 있어야 한다. 아이를 가르치는 최선의 방법은 아이가 이성의 범위 안에서 경험을 통해 배우도록 내버려두는 것이다. 그렇게 하면 아이는 남들이 강요하는 제한을 근거로 행동하지 않고 사실들의 논리를 근거로 행동하게 된다.

아이가 가족 안에서 차지하는 위치도 마찬가지로 중요하다. 아이의 성격을 가장 쉽게 예측하도록 하는 것이 어쩌면 이것인지도 모른다. 외동은 아주 특이한 상황에 처해 있다. 막내나 딸이 많은 가정의 외아들, 아들이 많은 가정의 외딸도 마찬가지로 특이한 상황에 놓여 있다.

장래에 희망하는 직업의 선택도 중요하다. 이것은 환경의 영향과 아이가 가진 용기의 크기와 사회적 감정의 크기, 아이의 생활리듬 등을 보여주기 때문에 중요한 문제이다. 어린 시절의 기억뿐만 아니라 공상도 또한 중요하다. 어린 시절의 기억을 해석하는 방법을 배운 사람들은 그런 기억에서 라이프스타일을 완벽하게 끌어내기도 한다. 꿈들은 또한 아이가 향하고 있는 방향을, 말하자면 아이가 문제를 해결하려 들 것인지 아니면 문제를 회피하려 들 것인지를 말해주기도 한다. 아이가 언어적 결함을 갖고 있는지를 아는 것도 중요하다. 더 나아가 아이가 추하게 보이는지 아니면 멋지게 보이는지, 세상 돌아가는 이야기를 들어서 잘 알고 있는지 아니면 그렇지 못한지를 아는 것도 중요하다.

아이가 자신의 상황에 대해 공개적으로 논의하는가 아니면 그렇지 않은가? 어떤 아이들은 열등감에 대한 보상으로 허풍을 떠는 모습을 보인다. 또 다른 아이들은 자신이 이용당할까 두려워하거나 새로운 약점을 드러낼 경우에 또 다시 상처를 입을 수도 있다고 두려워하며 대화를 거부한다.

한 과목에, 예를 들어 그림이나 음악에 성공할 경우에는 아이가 이 성공을 근거로 다른 과목을 향상시킬 수 있도록 용기를 불어넣어야 한다.

15세가 되어도 자신이 어떤 인물이 되고 싶어 하는지를 모르는 아이가 있다면 완전히 낙담한 아이로 여겨도 무방하다. 이런 아이는 거기에 맞춰서 다뤄야 한다. 형제자매들의 사회적 지위 차이뿐만 아니라 가족 구성원들의 직업도 고려되어야 한다. 부모의 불행한 결혼이 아이의 전체 발달을 훼손시킬 수 있다. 모든 학생을 사려 깊게 다루고, 아이와 환경의 그림을 정확히 그려내고, 이 장에서 지금까지 얻은 지식을 바탕으로 아이의 문제점을 바로잡고 또 아이를 향상시키는 것이 바로 교사들의 의무이다.

7장
사회적 감정과
그 감정의 발달을 막는 장애들

앞의 여러 장에서 논의한 우월 욕구의 예들과 대조적으로, 많은 아이들과 어른들 사이에 타인과 연결하려는 경향이 발견된다. 또 타인들과의 협력을 통해서 임무를 성취하고, 사회적 관점에서 자신을 유익한 존재로 만들려는 경향도 보인다. 이런 경향은 아마 사회적 감정이라는 용어로 가장 잘 설명될 것이다. 그렇다면 이 사회적 감정의 뿌리는 무엇일까? 이 질문은 논쟁의 여지가 많은 문제이다. 그러나 내가 아는 한, 인간이라는 개념과 연결된 어떤 현상과 관계있는 것 같다.

　이 대목에서, 이런 심리적 경향이 우월을 추구하려는 심리적 욕구보다 어떤 의미에서 인간에게 더 본질적인가 하는 물음이 제기될 것 같다. 이 물음에 대해서는 이 두 가지 성향은 본질을 따지고 들면 같은 핵심에 닿는다고 대답할 수 있을 것이다. 말하자면 우월을 추구하려는 개인적 욕망과 사회적 감정은 똑같이 인간 천성에 바탕을 두고 있다는 뜻이다. 우월을 추구하려는 개인적 욕망과 사회적 감정은 자신의 존재를 확인하려는 근본적인 욕망의 표현이다. 표현 형식만 서로 다를 뿐이다.

표현 형식이 다르다는 사실은 곧 인간 본성에 대한 판단을 서로 약간 달리 할 수 있다는 뜻이다. 우월을 위한 개인적 노력이 집단 없이도 할 수 있다는 판단을 수반한다면, 사회적 감정은 집단에 의지하는 어떤 관점을 수반한다.

인간 본성에 대한 관점으로서, 사회적 감정이 개인적 노력보다 더 우위에 있다는 점은 의심할 나위가 없다. 사회적 감정은 보다 건전하고 또 논리적으로도 보다 근본적인 관점을 대표하는 반면, 개인적 노력은 오직 피상적인 관점일 뿐이다. 개인의 삶을 보면 심리적 현상으로서 개인적 노력이 더 자주 펼쳐지고 있음에도 불구하고, 사회적 감정이 개인적 노력보다 우위를 차지한다.

사회적 감정의 역사

사회적 감정이 어떤 의미에서 진리와 논리를 자기편에 두게 되었는지를 알기를 원한다면, 그냥 인간을 역사적으로 살펴보기만 하면 된다. 그러면 인간은 언제나 집단을 이루며 살아왔다는 사실이 확인될 것이다. 개별적으로 스스로를 보호할 수 없는 생명체들은 자기보존을 위해 언제나 어쩔 수 없이 함께 어울려 살아야 한다는 사실을 고려한다면, 인간이 집단으로 살아왔다는 것은 그리 놀라운 일이 아니다. 동물의 한 종으로서 인간이 얼마나 불안한 상황이었는지, 그리고 몸집이 인간과 비슷한 대부분의 다른 동물들이 육체적 공격이나 방어를 위한 무기를 얼마나 잘 타고났는지를 확인하기를 원한다면, 간단히 인간과 사자를 비교해 보면 된다.

찰스 다윈(Charles Darwin)은 방어 장비를 제대로 갖추지 못한 모든 동물은 언제나 무리를 지어 다닌다는 점을 관찰했다. 예를 들어 육체적 힘이 아주 센 오랑우탄은 자기 짝하고만 살지만, 이보다 약한 원숭이 가족은 언제나 무리를 지어 사는 것이 확인된다. 다윈이 강조했듯이, 집단 형성은 자연이 동물에게 개별적으로 부여하기를 거부한 것들, 즉 발톱과 송곳니, 날개 등에 대한 보상 혹은 대체물일 수 있다.

집단 형성은 동물이 개체로서 결여하고 있는 것을 보완할 뿐만 아니라 그 동물이 상황을 개선할 보호의 방법을 새로이 발견하도록 이끈다. 예를 들면, 적들이 전방에 있는지 여부를 확인하기 위해 정찰병을 먼저 내보낼 줄 아는 원숭이 집단도 있다. 이런 식으로 원숭이들은 축적된 힘을 단순히 집단 구성원 각자의 약점을 보완하는 그 이상의 방법으로 이용할 수 있다. 물소도 떼를 지어 살면서 개체로 보면 자기들보다 훨씬 더 큰 힘을 지닌 적들을 성공적으로 물리치는 것이 목격된다.

이 문제를 연구한 동물 사회학자들은 또 이 동물의 집단 안에서 인간 사회의 법과 비슷한 질서가 발견된다고 보고한다. 한 예로, 집단이 향하고자 하는 길을 미리 살피러 나간 정찰병들은 정해진 규칙에 따라 살아야 하며, 정찰병의 실수나 위반은 집단 전체에 의해 처벌을 받는다.

이 맥락에서, 많은 역사학자들이 인류의 가장 오래된 법은 부족의 야간 순찰에 관한 것이라고 주장한다는 사실을 언급하는 것도 흥미를 자극한다. 이것이 사실이라면, 집단이라는 개념의 발명은 약한 동물들이 자신을 보호하지 못하는 무능력에서 비롯되었다는 뜻이 된다. 어떤 의미에서 보면, 사회적 감정은 언제나 육체적 약함을 반영하는 것이며 결코 육체적 약함과 떼어놓을 수 없다. 따라서 인간 존재들의 경우에 사회적 감정을 배양하게 하는 가장 중요한 요소는 유아와 아이들의 느린 발달과 무력감일 것이다.

동물의 왕국 전체를 보면, 인간의 아기처럼 완전히 무력한 상태에서 세상에 태어나는 예는 전혀 없다. 또한 인간의 아이는 성숙하는 데도 가장 오랜 시간을 필요로 한다. 이는 아이가 어른이 되기 전에 배워야 할 것이 무한히 많아서 그런 것이 아니고 아이가 발달하는 방식이 그래서 그렇다.

아이들은 부모의 보살핌을 다른 동물에 비해 대단히 오랫동안 필요로 한다. 유기적인 생명체인 아이가 더욱 긴 기간의 보호를 요구하기 때문이다. 만약 아이들이 그런 보호를 받지 못한다면, 아마 인간 종은 사라지고 말 것이다. 아이의 육체적 약함은 교육과 사회적 관심을 서로 연결시키는 고리로 여겨질 수도 있다. 교육은 아이의 육체적 미성숙 때문에 반드시 필요하고, 교육의 목표는 아이의 미성숙을 극복할 수 있는 길은 오직 집단에 대한 의존을 통하는 것밖에 없다는 사실을 바탕으로 해야 한다. 당연히 교육의 목표는 사회적인 것이 되어야 하는 것이다.

어린이들의 교육을 위한 규칙과 방법을 고려할 때, 늘 공동체의 삶과 그런 삶을 위한 사회적 적응을 염두에 둬야 한다. 사람들은 의식적으로 알든 모르든 언제나 공동체의 관점에서 선한 것에 강한 인상을 받으며, 사회에 해롭거나 불리한 행동에는 별로 강한 인상을 받지 않는다.

우리가 관찰하는 모든 교육적 실수들이 잘못으로 여겨지는 이유는 그것이 공동체에 해로운 영향을 미칠 것으로 판단되기 때문이다. 위대한 모든 성취, 그리고 인간 능력의 모든 발달은 사회적 삶의 압박 아래에서 사회적 감정을 키우는 쪽으로 이뤄진다.

언어

언어를 예로 들어 보자. 혼자 사는 인간에겐 언어에 대한 지식이 전혀 필요하지 않다. 인간이 언어를 발달시켰다는 것은 공동체적 삶의 필요성을 느꼈다는 점을 보여주는 명백한 증거이다. 동시에 언어는 사람들과 공동체적 삶의 산물을 연결시켜주는 끈이다. 언어의 심리학에 대한 논의는 공동체라는 관념을 출발점으로 삼을 때에만 가능해진다. 혼자 사는 개인들은 언어에 전혀 아무런 관심을 기울이지 않는다. 아이가 공동체에 참여할 바탕을 결여한 채 외톨이로 성장할 때마다, 아이의 언어 능력은 당연히 뒤처지게 되어 있다. 언어 재능은 한 개인이 다른 사람들과 가까이 지낼 수 있을 때에만 얻어지고 향상될 수 있기 때문이다.

다른 아이들에 비해 자신을 더 잘 표현하는 아이들이 재능을 더 많이 타고 났다는 말이 통념으로 받아들여지고 있다. 이는 사실이 아니다. 말을 하거나 말을 통해 접촉하는 데 어려움을 겪는 아이들은 대체로 강력한 사회적 감정을 갖고 있지 않다. 또 말을 잘 배우지 못하는 아이들은 대체로 응석받이로 자란 아이들이다. 이런 아이들의 경우에는 엄마들이 미리 알아서 다 해주기 때문에 자신이 직접 요구하고 나설 필요성을 느끼지 못한다. 당연히 말을 배울 기회까지 박탈당하게 되어 있다. 이런 식으로 아이들은 사회적 접촉을 가질 기회를 잃고 또 사회적 적응의 능력을 키우지 못하게 된다. 단지 아이들이 말을 할 필요성을 느끼지 않아서 그런 현상이 나타난다.

부모들이 아이에게 말을 길게 완성시킬 기회를 주지 않거나 스스로 대답할 기회를 주지 않은 탓에 말을 잘하지 못하게 되는 아이들도 있다. 또 조롱을 당하거나 웃음거리가 되어 낙담한 나머지 말을 잘하지 못하게 되는 아이들도 있다. 부모가 아이들에게 잔소리를 늘어놓는 것이 아이들의 교육에 널리 퍼져 있는 그릇된 관행이다. 그런 환경에서 자란 아이들은 그 결과 열등감을 오랫동안 안고 살게 된다. 어떤 문장을 시작하기 전에 어김없이 "이상하게 들릴지 모르지만."이라는 말을 꼭 먼저 하는 사람들에게서 그런 열등감이 느껴진다. 현실에서 이런 말이 자주 들린다. 이런 말을 하는 사람은 어렸을 때 비웃음을 자주 샀음에 틀림없다.

부모 둘 다가 귀가 들리지 않아 말을 못하는 환경에 자라면서도 말을 하고 들을 수 있는 아이가 있다. 이 아이는 마음의 상처를 받을 때 언제나 소리 없이 운다. 이 아이에겐 부모가 자신의 고통을 듣도록 노력해봐야 아무 소용이 없고 부모가 고통을 보게 하기만 하면 되기 때문에 그런 현상이 나타난다.

인간의 다른 능력의 발달은, 예를 들어 이해력 혹은 논리적 감각의 성장은 사회적 감각 없이는 절대로 불가능하다. 철저히 혼자 사는 사람은 논리의 필요성을 전혀 느끼지 않는다. 아니면 다른 동물들이 느끼는 그 이상으로는 논리의 필요성을 느끼지 않는다. 그런 한편 언제나 다른 사람들과 접촉하는 가운데 사는 사람은 다른 사람들과의 관계 속에서 언어와 논리, 상식을 활용해야 하며, 따라서 사회적 감정을 발달시키거나 습득해야 한다. 이것이 바로 모든 논리적 사고의 종국적 목표이지 않는가.

개인적인 목표에 비춰보면 사실 아주 현명한 행동인데도 우리 눈에 이따금 어리석어 보이는 경우가 있다. 다른 사람도 자기처럼 생각해야 한다는 식의 인식을 가진 사람에게서 이런 예가 자주 보인다. 이는 사회적 감정 혹은 상식이 판단력에 아주 중요하다는 점을 보여준다(만약 공동체적 삶이 복잡하지도 않고 또 개인에게 복잡한 많은 문제를 야기하지도 않는다면, 상식의 발달도 필요하지 않다는 점은 말할 필요도 없다). 원시인들이 원시적인 수준에 머물게 된 것은 그들의 존재 방식이 상대적으로 단순한 까닭에 보다 깊은 생각을 발달시킬 필요를 느끼지 못했기 때문이라는 것은 누구나 쉽게 상상할 수 있다.

논리적으로 말하고 생각하는 능력

사회적 감정은 논리적으로 말하고 생각하는 인간의 능력, 말하자면 거의 신성시되고 있는 인간의 2가지 능력에 중요한 역할을 하고 있다. 만약 모든 사람이 공동체를 무시하는 가운데 자신의 문제를 해결하고자 시도하거나 자신만의 언어를 사용하고자 한다면, 카오스가 불가피할 것이다. 사회적 감정은 각 개인에게 안전감을 느끼게 하는데, 이 안전감이야말로 개인에게 삶의 버팀목이 되어 준다. 이 안전감은 우리가 논리적 사고나 진리로부터 끌어내는 확신과 완전히 똑같지는 않지만 그 확신의 가장 분명한 구성요소이다.

보다 쉽게 설명해보자. 숫자로 표현할 수 있는 것만을 진리로 받아들이려 할 만큼, 계산이 모든 사람들에게 그렇게 분명하게 받아들여지는 이유는 무엇인가? 숫자의 효과가 모든 사람들에게 쉽게 전달되기 때문이다. 또 사람의 마음이 숫자를 쉽게 다룰 수 있기 때문이기도 하다. 사람들은 타인에게 전달하지 못하고 또 타인이 공유하도록 하지 못하는 진실에 대해서 확신을 강하게 품지 않는다. 플라톤이 모든 철학을 숫자와 수학으로 정리하려고 시도한 배경에도 틀림없이 이 같은 인식이 작용했을 것이다. 플라톤이 철학자가 "동굴"로 돌아가기를 바랐다는 사실에서, 말하자면 철학자가 동료 인간들의 삶에 동참하기를 원했다는 사실에서 우리는 사회적 감정과의 연결을 보다 선명하게 볼 수 있다. 심지어 철학자조차도 사회적 감정에서 비롯되는 안전감을 느끼지 않고는 적절히 살아가지 못한다는 점을 플라톤은 느꼈다.

말하자면, 이 안전감을 적절히 축적하지 못한 아이들은 타인과 접촉할 때나 자신의 독창력으로 어떤 과제를 수행해야 하는 때에 안전감을 제대로 키우지 못했다는 사실을 드러내게 된다. 학교에서 그런 아이들은 특히 수학처럼 객관적이고 논리적인 사고를 요구하는 과목에서 약점을 고스란히 드러낸다.

인간이 어린 시절에 배우는 개념들(예를 들면, 도덕적 감정과 윤리 등)은 대체로 일방적으로 제시된다. 홀로 살도록 저주 받은 인간을 위한 윤리 같은 것은 상상조차 불가능하다. 도덕은 오직 우리가 공동체와 타인들의 권리에 대해 생각할 때에만 가능한 것이다. 이같은 견해는 미학적 감정에 대해, 말하자면 미학적 창조에 대한 인간의 선호에 대해 생각할 때에는 다소 흔들리게 된다. 그러나 예술의 영역에서도 대체로 일관된 인상이 지각되고 있다. 이 인상은 아마 건강과 힘, 올바른 사회적 발달에 대한 이해에 그 뿌리를 내리고 있는 것 같다. 예술에 관한 한, 그 경계가 다소 유동적이고 또 개인적취향이 개입할 여지가 더 넓을 것이다. 그러나 대체로 보면 미학 이론까지도 공동체의 방향을 따르게 되어 있다.

사회적 감정의 적절한 크기

그렇다면 아이의 내면에 사회적 감정을 어느 정도 배양하는 것이 적절할까? 실용적 가치를 지니는 질문이다. 행동에 나타나는 몇 가지 신호들을 고려하면 아이에게 필요한 사회적 감정이 어느 정도인지 파악될 것이다. 예를 들어, 어떤 아이가 다른 아이들을 전혀 고려하지 않은 가운데 우월을 추구하며 맨 앞으로 나아간다면, 그런 아이는 다른 아이들을 고려하며 그런 과정을 피하는 아이에 비해 틀림없이 사회적 감정이 부족할 것이다.

현재의 문명에서 개인적 우월을 추구하려는 욕망을 갖지 않은 아이를 상상하는 것은 불가능한 일이다. 그 결과, 아이가 사회적 감정을 충분히 발달시키지 않는 것이 예삿일이 되어 버렸다. 시대를 막론하고 도덕주의자들이 불평하는 것이 바로 그런 조건이다. 인간은 원래 이기적이고, 타인들보다 자기 자신을 더 많이 생각하는 존재라는 사실이 도덕주의자들에겐 늘 경계의 대상이 되어 왔다. 이는 언제나 훈계의 형식으로 표현되어 왔지만, 이 훈계는 어른에게도 아이에게도 아무런 영향을 미치지 못하고 있다. 왜냐하면 이 가르침만으로는 아무것도 성취하지 못하고 또 사람들은 종국적으로 다른 사람들이 자기보다 절대로 더 낫지 않다고 생각하는 데서 위안을 얻게 되기 때문이다.

생각들이 너무 혼란스러워서 이미 범죄적인 경향을 보이고 있는 아이들을 다뤄야 하는 상황에 처할 수도 있다. 그런 경우에 우리 어른들은 도덕적 설교를 지금까지 끊임없이 해 왔는데도 아무런 효과를 얻지 못했다는 점을 인정해야 한다. 그런 상황에서는 악을 그 뿌리까지 뽑을 수 있도록 깊이 파고드는 것이 훨씬 더 바람직하다. 달리 말하면, 어른들이 판사의 역할을 포기하고 친구나 의사의 역할을 맡아야 한다는 뜻이다.

만약 어른이 어떤 아이에게 나쁘다거나 바보 같다는 말을 지속적으로 한다면, 그 아이는 시간이 조금 지나면 어른들의 말이 옳다고 믿어버리면서 자신에게 닥치는 문제를 해결할 용기를 더 이상 갖지 못하게 될 것이다. 그렇게 되면 아이는 하는 일 모두에서 실패하고 말 것이다. 자신은 어리석은 인간이라는 믿음이 아이의 마음에 더욱 깊이 박히게 될 것이다. 아이는 환경이 자신의 자신감을 파괴했다는 것을 이해하지 못한다. 또 자신이 무의식적으로 이 그릇된 판단을 뒷받침하는 쪽으로 삶을 정리하고 있다는 사실도 이해하지 못한다. 아이는 자신이 동료들보다 능력이 못하다고 느낀다. 또 가능성도 별로 없다고 느낀다. 아이의 태도는 절망한 마음의 틀을 그대로 보여준다. 이때 절망의 크기는 불리한 환경이 아이에게 가하는 압박과 비례한다.

개인 심리학은 아이가 저지르는 모든 잘못에서 언제나 환경의 영향을 찾을 수 있다는 점을 보여주려고 노력했다. 예를 들어, 무질서한 아이는 사물들을 질서정연하게 유지하려고 노력하는 사람의 그늘에 있고, 거짓말을 하는 아이는 거친 수단으로 거짓말을 고치려드는 어른의 영향 아래에 있다. 심지어 아이의 허풍에서도 환경의 흔적이 탐지된다. 그런 아이는 언제나 칭찬이 필요하다고 느끼고 있다. 주어진 과제를 성공적으로 해내는 것은 별로 중요하지 않다고 생각한다. 그러면서 아이는 우월을 위한 노력을 펴는 가운데 가족 구성원들로부터 칭찬의 말을 끌어낼 짓을 지속적으로 하게 된다.

아이의 상황은 저마다 다 다르다

모든 아이의 삶에는 부모들이 언제나 간과하고 있거나 잘못 알고 있는 상황이 있다. 한 예로, 형제자매들이 있는 가정의 경우 각 아이들은 서로 다른 상황에 처해 있다. 맏이는 한동안 외동으로 자라는 독특한 지위를 누린다. 이 경험은 둘째 아이는 절대로 알 수 없는 세상이다. 막내는 모든 아이가 다 겪지는 않는 일련의 환경을 경험한다. 왜냐하면 아이가 그 환경 안에서 한 동안 가장 작고 가장 약한 존재로 남기 때문이다.

이 상황도 개인마다 다 다르다. 두 형제나 두 자매가 함께 자랄 때, 당연히 나이가 많고 유능하게 마련인 첫째는 동생이 아직 극복해야 할 일부 어려움을 이미 극복한 상태이다. 그런 형제나 자매 중 동생은 상대적으로 불리한 입장에 서 있고 또 그것을 몸으로 느낀다. 이 열등감을 보상하기 위해, 아이는 형이나 언니를 따라잡을 수 있을 만큼 노력을 증대시킬 수도 있다.

오랫동안 아이들을 다룬 개인 심리학자들은 아이를 보면 그 아이가 가족 안에서 차지하는 위치를 대체로 알아낼 수 있다. 형이 정상적인 발달을 이룰 때, 동생은 형을 따라잡기 위해 더 많은 노력을 기울이도록 자극을 받는다. 그 결과 동생은 대체로 보다 적극적이고 보다 공격적이다. 만약 형이 나약하고 느리게 발달한다면, 동생은 경쟁에서 그렇게 강하게 노력할 필요성을 느끼지 않는다.

그러므로 아이가 가족 안에서 어떤 위치에 서 있는지를 아는 것이 중요하다. 그래야만 아이를 완전히 이해하는 것이 가능하기 때문이다. 가족 안에서 가장 어린 아이는 자신이 가장 어리다는 사실을 드러내는 신호를 틀림없이 보여주게 되어 있다. 물론 예외도 있다. 그러나 막내의 가장 흔한 유형은 다른 사람들을 모두 능가하길 원하는 유형이다. 절대로 차분하게 앉아 있지 못하고, 언제나 다른 사람들보다 앞서 가야 한다는 감정과 믿음을 바탕으로 행동하는 그런 유형이다.

이 같은 관찰도 아이들의 교육에 아주 중요하다. 아이를 교육시킬 방법을 선택하는 데 결정적인 고려사항이기 때문이다. 모든 아이들을 다루면서 똑같은 규칙을 따르는 것은 불가능하다. 아이는 저마다 다 독특하다. 일반적인 유형에 따라서 아이들을 분류할 때, 우리는 각 아이를 한 사람의 개인으로 다뤄야 한다. 이는 학교에서는 거의 성취 불가능한 조건이다. 그러나 가정에서는 분명히 성취 가능한 조건이다.

막내는 언제나 어떤 그림에서든 맨 앞에 나서길 원하는 유형이다. 그런데 많은 경우를 보면 막내가 맨 앞에 나서는 데 성공한다. 이것이 아주 중요한 고려사항이다. 왜냐하면 정신적 특징도 유전된다는 인식을 크게 약화시키기 때문이다. 다양한 가족의 막내들이 서로 많이 닮았을 때, 거기엔 유전에 대한 믿음이 끼어들 여지가 그리 넓지 않다.

또 다른 유형의 막내, 즉 위에 묘사된 적극적인 막내와 정반대 유형의 막내는 완전히 낙심한 아이이다. 이런 아이는 아주 나태하다. 이 두 가지 유형 사이의 두드러진 차이는 심리학적으로 설명이 가능하다. 다른 사람들을 모두 능가하려는 부적절한 야망을 가진 아이보다 곤경 앞에서 상처를 더 쉽게 입는 아이는 없다. 야망이 아이를 불행하게 만든다. 장애들이 극복 불가능한 것처럼 보이면, 다른 사람을 능가하려는 아이는 큰 야망을 품지 않아 노력을 별로 중요하게 여기지 않는 아이보다 훨씬 더 빨리 장애로부터 달아나게 된다. 이들 두 가지 유형의 막내에서, "카이사르처럼 되거나 아니면 죽거나"라는 옛 로마시대의 격언이 구체화되고 있는 것이 확인된다.

성경에서도 우리의 경험과 정확히 일치하는 막내들에 관한 이야기가 발견된다. 예를 들면, 요셉, 다윗, 사울 등이 있다. 요셉에게 동생 베냐민이 있었다는 반대 의견에 대해서는 요셉이 열일곱 살 때 베냐민이 태어났다는 사실을 제시할 수 있을 것이다. 따라서 아이일 때 요셉은 막내였다. 우리도 삶의 경험을 통해서 막내가 부양하는 가족들을 자주 보지 않는가. 막내에 관한 우리의 주장을 뒷받침하는 내용은 성경만 아니라 동화에서도 확인된다. 막내가 다른 형제자매를 능가하지 않는 동화는 어디에도 없다. 독일과 러시아, 스칸디나비아, 혹은 중국의 동화들을 보면 막내는 언제나 정복자로 나온다. 결코 우연일 수 없다. 아마 옛날에는 막내로 태어난 사람들이 오늘날보다 훨씬 더 두드러졌다는 사실 때문에 나온 이야기일 것이다. 이 유형은 원시적인 조건에서 더 두드러질 수 있었기 때문에 옛날엔 관찰이 더 쉬웠을 것임에 틀림없다.

아이들이 가족 안에서 차지하는 위치에 따라 발달시키는 성격적 특징에 대해서도 더 많은 이야기가 필요하다. 맏이들도 많은 공통점을 보이고 있으며, 3가지 유형으로 구분될 수 있다.

나는 이 문제를 오랫동안 연구해 왔지만 주제의 본질이 분명하게 잡히지 않았다. 그러던 중에 우연히 독일 소설가 폰타네(Theodor Fontane)의 자서전 중 어느 구절을 읽다가 큰 깨달음을 얻기에 이르렀다. 폰타네는 그 대목에서 프랑스 이민자인 자기 아버지가 어떻게 하여 폴란드가 러시아의 공격에 맞서 싸운 전쟁에 참전하게 되었는지 그 배경을 설명했다. 그의 아버지는 예를 들어 폴란드 병사 1만 명이 러시아 병사 5만 명을 패주시켰다는 내용을 읽으면서 대단히 행복해 했다. 폰타네는 자기 아버지의 기쁨을 도무지 이해할 수 없었다. 반대로 폰타네는 5만 명의 러시아 병사들이 1만 명의 폴란드 병사들보다 당연히 더 강해야 한다는 생각을 품었다. "그게 뭐가 그리 대단할까? 강한 자는 언제나 강한 자여야 하는데." 이 대목을 읽으면서, 우리는 쉽게 "폰타네는 틀림없이 장남이야!"라고 결론을 내릴 수 있다.

폰타네는 집안에 자식이 자기 하나뿐이었을 때 가족 안에서 누렸던 권력을 기억하고 있고, 약한 자가 그 왕관을 빼앗는 것은 부당한 일이라고 느끼고 있다. 실제로 맏이는 언제나 성격이 보수적인 것으로 확인된다. 맏이는 권력과 규칙, 법을 믿는 사람들이다. 그들은 독재를 변명조차 하지 않고 꽤 노골적으로 받아들이는 경향을 보인다. 또 권력의 자리를 추구하는 태도를 보인다. 그들 자신이 한때 그런 자리를 차지해 보았기 때문이다.

물론 맏이의 유형에도 예외가 있다. 여기서 한 가지 예외를 언급하고 싶다. 아이의 삶에서 지금까지 간과되었던 어떤 문제와 관련 있는 예외이다. 그것은 바로 맏이가 여동생을 갖게 될 때 맞게 되는 비극적 역할이다. 혼란스러워하며 완전히 낙심한 소년에 대한 묘사가 나오면, 구체적인 사실이 언급되지 않아도 문제의 원인이 똑똑한 여동생에게 있다는 점을 예상할 수 있다. 이런 일이 벌어지는 빈도를 고려한다면 절대로 우연이 아니다.

현재의 우리 문명에서는 남자들이 여자들보다 더 중요한 존재로 여겨지고 있다. 처음 태어난 아들은 대부분 응석받이로 큰다. 부모들은 첫아들에게 많은 것을 기대한다. 첫아들의 상황은 여동생이 등장할 때까지는 유리한 상황이다. 그러다 소녀가 응석받이 아들이 있는 환경 안으로 들어온다. 그러면 응석받이 아들은 소녀를 귀찮은 침입자로 여기며 맞서 싸운다. 이 상황이 소녀로 하여금 특별히 많은 노력을 기울이도록 만든다. 만약 소녀가 무너져 압도당하지 않는다면, 이 자극은 소녀의 전체 삶에 영향을 미친다.

소녀는 빨리 성장하면서 오빠를 놀라게 만든다. 그러면 오빠는 돌연 남자의 우월이라는 허상이 깨어지는 것을 본다. 오빠는 불확실하게 되고, 14세에서 16세 사이에는 소녀가 정신적으로나 육체적으로 소년보다 훨씬 더 빨리 성숙하기 때문에 오빠의 불확실성이 완전 패배로 끝날 확률이 높다. 그러면 오빠는 자기 자신에 대한 믿음을 쉽게 잃게 되고 싸움을 포기하고 그럴듯한 변명을 제시하거나 아니면 자신의 길에 스스로 어려운 일을 끌어들이면서 노력을 멈추는 알리바이로 이용한다.

이런 첫아들 중에서 혼란을 느끼며 희망을 잃고 터무니없을 만큼 게으르게 굴거나, 여동생과 경쟁할 만큼 충분히 강하지 못하다고 느끼는 것 외에는 뚜렷한 이유도 없이 신경증으로 힘들어 하는 소년들이 아주 많다. 이런 소년들은 가끔 여자에 대한 증오심을 대단히 강하게 품게 된다. 이 소년들의 운명은 대체로 슬픈 운명이다. 왜냐하면 이 소년들이 처한 조건을 제대로 이해하는 가운데 이들의 상황에 대해 적절히 설명해줄 수 있는 사람이 거의 없기 때문이다. 지금까지 부모와 가족의 다른 구성원들은 소년에게 "여동생한테도 밀리다니!"라고 불만을 터뜨렸다.

딸들 틈에서 자라는 외동아들도 몇 가지 공통점을 보인다. 딸 몇에 아들이 하나인 집안에서 여자가 지배하는 분위기를 막기는 어렵다. 하나인 아들이 가족 구성원 모두에 의해 응석받이로 자라든가, 아니면 모든 여자들이 아들을 배제할 것이다. 이런 상황에 처한 소년은 자연히 달리 발달할 것이다. 그러나 이런 소년들 모두에게 몇 가지 공통점이 나타난다.

소년이 전적으로 여자들에게만 교육을 받는 일은 없어야 한다는 인식이 매우 널리 퍼져 있다. 이것을 글자 그대로의 뜻으로 받아들여서는 안 된다. 왜냐하면 모든 소년들이 가장 먼저 여자들에 의해 키워지기 때문이다. 그러나 정말 중요한 것은 소년들이 여자들의 환경 안에서 자라서는 안 된다는 점이다. 지금 나는 여성성에 반대하는 것이 아니라 그런 상황에서 일어날 수 있는 오해에 반대하고 있다. 아들만 있는 집안에서 자라는 소녀에게도 똑같이 통하는 말이다. 소년들은 대체로 소녀를 얕잡아보며, 그 결과 소녀는 동등해지기 위해 소년들을 모방한다. 그런데 이 모방이 소녀가 훗날의 삶을 준비하는 데 불행하게 작용할 수도 있다.

아무리 관대한 사람일지라도, 소녀들을 소년처럼 키워야 한다고 믿는 사람들의 합창에 가담해서는 안 된다. 소녀를 소년처럼 키우는 것도 한동안은 가능할 것이다. 그러나 피할 수 없는 차이들이 금방 나타나게 되어 있다. 남자들은 신체적 구조의 차이에 따라 삶에서 다른 역할을 갖는다. 이는 직업의 선택에도 일정 몫을 한다. 여성으로서의 역할에 만족하지 못하는 소녀들은 간혹 자신들에게 열려 있는 직업에 적응하느라 어려움을 겪는다. 결혼 준비에 관한 문제라면, 여성의 역할에 관한 교육은 남자의 역할에 관한 교육과 달라야 한다. 자신이 여자라는 사실에 불만을 품은 소녀들은 결혼에 대해 개인적 퇴보로 반대하거나 결혼을 하더라도 상대를 지배하려 들 것이다. 소녀처럼 키워진 소년들도 또한 현재의 문명에 적응하면서 큰 어려움을 겪을 것이다.

네댓 살 시기의 중요성

이 모든 것들을 고려하면서, 아이의 라이프스타일은 언제나 네 살 혹은 다섯 살 때에 결정된다는 사실을 잊지 말아야 한다. 그때가 바로 사회적 감정을 발달시키고 적응에 필요한 유연성을 길러야 하는 시기이다. 대체로 보면 아이들은 다섯 살쯤 될 때 환경을 대하는 태도가 고착되고 체계화되는 모습을 보인다. 그러면 그 태도는 평생 동안 거의 똑같은 방향으로 향하게 된다. 외부 세계에 대한 아이의 지각은 그 후로는 언제나 똑같이 남는다. 아이는 자신의 견해라는 덫에 갇히게 되고 따라서 원래의 정신적 메커니즘과 그에 따른 행동을 거듭 되풀이하게 된다. 이때 사회적 감정은 개인의 정신적 지평선에 의해 제한을 받는다.

8장

아이의 가족 내 위치:
그 상황과 치유의 심리학

아이들이 각자 환경 속에서 차지하는 위치에 대해 무의식적으로 어떻게 해석하느냐에 따라 다 달리 발달한다는 사실이 확인되었다. 또한 첫째와 둘째, 셋째 아이는 가족 안에서 차지하는 위치에 따라 다 다르게 발달한다는 사실도 확인되었다. 이 초기의 조건은 아이가 발달시킨 성격을 파악하는 테스트로 여겨질 수 있다.

아이를 위한 교육은 아무리 일찍 시작해도 빠르지 않다. 아이는 성장하면서 스스로 일련의 규칙을 발달시키는데, 이 규칙이 아이의 행동을 통제하고 다양한 상황에 대한 반응을 결정한다. 아이가 아주 어릴 때에는 아이의 미래의 행동을 이끌 어떤 특별한 메커니즘은 아주 희미하게 나타날 뿐이다. 그 후, 여러 해에 걸친 훈련의 결과 이 행동 패턴이 고착될 것이고, 그러고 나면 아이는 더 이상 객관적으로 반응하지 않고 자신의 과거 경험 전체에 대한 무의식적 해석에 따라 반응하게 된다.

아이가 구체적인 어떤 상황을 엉터리로 해석하거나 특별한 어려움을 해결할 능력을 잘못 해석할 때, 이 그릇된 판단이 아이의 행동을 결정하게 될 것이다. 그렇게 되면 어린 시절에 저질러진 원래의 오해를 바로잡지 않는 한, 그런 식으로 성장한 어른은 논리나 상식을 아무리 많이 갖추더라도 행동을 바꾸지 못한다.

아이의 발달에는 언제나 주관적인 무엇인가가 있으며, 교육자가 조사해야 하는 것도 바로 이 개성이다. 아이들 집단에 대한 교육에서 일반적인 규칙을 적용하지 못하도록 막는 것도 이 개성이다. 이 개성은 또한 똑같은 규칙까지도 아이에 따라 달리 적용해야 하는 이유이기도 하다.

그런 한편, 아이들이 똑같은 상황에 거의 똑같이 반응하는 모습을 보일 때에도, 우리는 이것을 자연의 법칙 때문이라고 말해서는 안 된다. 이 경우엔 인간 존재들이 이해력이 부족하기 때문에 똑같은 실수를 똑같이 저지르게 된다는 설명이 오히려 진실에 더 가깝다. 가족에 아이가 새로 태어날 때, 통념은 원래 있던 아이가 언제나 질투심을 느끼게 된다는 것이다. 이 일반화에 대한 한 가지 반대는 거기에도 예외가 있다는 점이다. 또 다른 반대는 아이들에게 동생의 출생에 대비하여 준비시킬 경우에 질투가 절대로 나타나지 않을 수 있다는 점이다. 이런 경우에 실수를 저지르는 아이는 산속에서 오솔길 앞에 선 사람과 비교할 만하다. 이때 산속의 사람은 어느 길을 어떤 식으로 가야 할지 모르고 있다. 그가 마침내 옳은 길을 발견하여 다음 마을에 당도했다. 그러자 마을 사람들이 그를 보고 깜짝 놀라면서 이렇게 말한다. "그 길을 놓친 사람들 거의 모두가 길을 잃었는데…." 아이들의 실수는 매력적으로 보이는 길을 따르는 과정에 종종 저질러진다. 그 길들은 걷기 편해 보이고 따라서 아이들의 눈길을 끌게 되어 있다.

아이의 성격에 엄청난 영향을 미치는 다른 상황도 많다. 같은 가정에서 성장했는데도 한 아이는 선하고 다른 한 아이는 악한 경우가 얼마나 많은가? 이런 경우 악한 아이의 상황을 조금 더 면밀히 조사하면, 아이가 대단히 큰 우월 욕구를 품고 있고, 다른 사람들을 지배하길 원하고, 환경을 지배하기 위해 온갖 힘을 다 쏟는다는 사실이 확인될 것이다. 이와 대조적으로, 선한 아이는 차분하고, 겸손하고, 가족의 총애를 받고, 타의 모범이 될 만할 것이다. 부모도 같은 가족 안에서 자란 아이가 왜 정반대의 모습을 보이는지에 대해 설명하지 못한다. 그러나 보다 깊이 들여다보면, 선한 아이가 탁월한 행동으로도 더 많은 인정을 받을 수 있고 나쁜 동생과 성공적으로 경쟁할 수 있다는 사실을 깨달았다는 사실이 확인될 것이다.

두 아이의 사이에 이런 경쟁이 존재할 때, 첫째 아이가 동생보다 더 훌륭하게 행동함으로써 동생을 능가할 수 있다는 희망을 전혀 느끼지 못하고, 따라서 반대 방향으로, 말하자면 최대한 버릇없이 굶으로써 동생을 능가하려고 노력하게 되는 것은 이해가 된다. 개인 심리학의 경험에 따르면, 이런 식으로 버릇없이 구는 아이를 동생보다 더 선한 아이로 바꿔놓는 것도 가능하다. 우월에 대한 강력한 욕구는 이쪽 방향으로 극단적으로 표현되기도 하고 또 정반대 방향으로 극단적으로 표현되기도 한다. 학교에서도 이와 똑같은 현상이 목격된다.

두 아이가 똑같은 조건에서 성장했다고 해서 정확히 똑같아질 것이라고 예상하는 것은 터무니없는 짓이다. 2명의 아이가 똑같은 환경에서 자라는 것은 절대로 불가능한 일이다. 처신이 바른 아이의 성격은 처신이 바르지 않은 아이의 영향을 강하게 받게 된다. 실제로 보면, 원래 처신이 발랐다가 훗날 문제 아이로 변한 아이들이 아주 많다.

열 살까지 모범생이었던 열일곱 살 소녀의 예를 보자. 그녀에겐 나이가 열한 살이나 더 많은 오빠가 있었다. 그런데 이 오빠는 11년 동안이나 외동으로 자라다보니 버릇이 아주 나쁘게 되었다. 소녀가 세상에 태어났을 때, 소년은 여동생을 질투하지 않았다. 소년은 평소 하던 행동을 그대로 했다. 여동생이 열 살이 되었을 때, 오빠는 오랫동안 집을 떠나 있기 시작했다. 이제 소녀가 외동의 자리를 차지하게 되었다. 이 상황이 소녀가 무슨 일에서든 자기 마음대로 고집을 부리도록 만들었다.

소녀는 부유한 가정에서 자랐다. 그래서 소녀가 아이였을 때에는 자신의 모든 욕구를 충족시키기가 쉬웠다. 그러나 세월이 지남에 따라, 소녀의 욕구를 충족시키는 것이 언제나 가능하지는 않게 되었다. 소녀는 불만을 품기 시작했다. 소녀는 가족의 경제적 능력을 근거로 일찍부터 빚을 얻기 시작했으며, 단기에 상당한 액수의 빚을 지게 되었다. 이는 소녀가 자신의 욕구를 충족시키기 위해 다른 길을 선택했다는 것을 의미했다. 어머니가 소녀의 요구를 들어주길 거부하자, 소녀의 선한 행동도 사라져버렸다. 싸움과 눈물이 끊이질 않았고, 소녀는 아주 불쾌한 성격의 소유자로 커갔다.

아이들이 쓰는 탈

이 예와 다른 비슷한 예들에서 끌어낼 수 있는 결론은 아이가 선한 행동을 통해서 자신의 우월 욕구를 충족시킬 수 있다는 사실이다. 또 상황에 변화가 있을 때, 아이의 그런 선한 행동이 지속될 것이라고 장담하는 것은 불가능하다는 사실이다. 아이의 심리를 파악하기 위해 설문지를 이용할 경우에 누릴 수 있는 이점은 아이 본인과 아이의 행동에 대한 그림을 보다 포괄적으로 그릴 수 있다는 점이다. 당연히 아이와 환경의 관계, 그리고 아이와 주변 사람들의 관계에 대한 그림도 더 선명해진다. 아이의 라이프스타일을 암시하는 신호는 언제나 나타나고 있을 것이다. 설문지를 통해 얻은 정보와 아이를 면밀히 검토하면, 그 아이가 우월 노력을 확대하고, 자신의 존재감을 느끼고, 자신의 세계에서 평판을 획득하기 위해 사용하는 도구들이 바로 아이의 성격적 특질과 감정과 라이프스타일이라는 사실이 확인될 것이다.

학교에서 아이들을 유심히 지켜보면 이 묘사와 정반대인 것처럼 보이는 유형의 아이가 자주 눈에 띈다. 이런 유형의 아이는 말수가 적고, 지식이나 훈육 또는 교정에 둔감하고, 어느 때고 우월을 추구하려는 노력을 전혀 보이지 않는 나태한 아이이다. 그러나 이런 아이들을 접한 경험이 풍부하다면, 이런 행태 또한 부조리해 보이지만 마찬가지로 우월을 추구하는 노력의 한 형태라는 사실이 확인될 것이다. 그런 아이는 정상적인 수단으로 성공할 수 있는 능력에 대한 믿음이 전혀 없으며, 그 결과 향상을 위한 모든 수단과 기회를 피하게 된다. 그런 아이는 자신을 고립시키며 냉담한 성격의 소유자라는 인상을 풍긴다. 그러나 냉담이 그의 전체 성격의 바탕은 아니다. 냉담한 성격의 뒤를 들여다보면, 아주 예민하게 떨고 있는 영혼이 발견될 것이다. 이 영혼이 상처를 받지 않도록 하기 위해 겉으로 냉담한 척 꾸밀 필요가 있을 뿐이다. 그런 아이는 자신을 철갑으로 두르게 되며, 그러면 아무도 아이에게 가까이 다가서지 못한다.

이런 유형의 아이와 대화하는 데 성공하는 사람은 아이가 자기 자신에게 아주 깊이 몰입해 있다는 사실을 확인할 것이다. 아이는 공상을 끊임없이 이어갈 것이며 공상의 세계에서 언제나 위대한 인간이나 우월한 자로 나타난다. 현실은 그런 아이들의 공상과 크게 동떨어진다. 그런 아이들은 자신이 다른 사람들을 정복하고 있는 영웅이라고 믿는다. 아니면 다른 사람들로부터 모든 권력을 다 빼앗은 독재자이거나 고통 받는 사람들을 돕는 순교자라고 믿는다. 구원자의 역할을 맡으려는 태도는 아이들의 세계에 자주 나타난다. 아이들의 공상에만 아니라 행동에도 나타난다. 다른 아이가 위험에 처해 있을 때, 그 아이를 구조하고 나서는 아이들이 있다. 공상의 세계에서 구원자의 역할을 한 아이들은 현실에서 그런 상황이 벌어질 때를 대비해 자신을 훈련시키는 셈이며, 아주 심하게 낙심하지 않은 상황에서 그런 기회가 나타나면 실제로 그 역할을 해낼 것이다.

일부 공상은 지속적으로 일어난다. 오스트리아에서 군주제도가 시행되던 동안에 왕이나 왕자를 위기에서 구출하는 공상에 빠지는 아이들이 많았다. 물론 부모들은 자신의 아이들이 그런 생각을 품고 있다는 사실에 대해 전혀 알지 못한다. 부모의 머리에 떠오르는 생각은 공상에 빠지는 아이들은 현실에 제대로 적응하지 못하고 유익한 존재가 되기 어렵다는 것뿐이다. 아이들의 공상을 보면 현실과 괴리가 엄청 크다. 그러나 일부 아이들은 중도의 길을 선택한다. 현실에 적응하는 한편으로 공상을 즐기는 것이다. 또 다른 아이들은 현실에 전혀 적응을 하지 않은 가운데 현실 세계에서 점점 더 뒤로 물러서며 자신만의 은밀한 세계로 숨어든다. 또 일부 아이들은 상상의 산물과는 아무런 관계를 맺지 않기를 원하며 오직 현실적인 것에만, 예를 들면 여행이나 사냥 이야기나 역사에만 매달린다.

이분법적 사고

두말할 필요도 없이, 아이는 현실을 받아들일 의지도 가져야 하고 상상도 할 줄 알아야 한다. 그러나 아이들은 현실이나 공상 같은 것에 대해 우리 어른들처럼 생각하지 않는다는 점을 알아야 한다. 아이는 곧잘 세상을 2개의 극단으로 나눈다. 아이들을 이해하고자 노력할 때 반드시 명심해야 할 중요한 사실은 아이들이 모든 것을 2개의 반대되는 것(위이거나 아래이거나, 모두 선하거나 모두 악하거나, 똑똑하거나 바보스럽거나, 우월하거나 열등하거나, 전부이거나 전무이거나)으로 나누는 경향을 강하게 보인다는 점이다. 어른들도 마찬가지로 세상을 지각하는 데 있어서 이와 똑같이 이분법을 이용한다.

이런 식의 사고방식을 배제하는 것이 아주 어려운 일이라는 사실은 잘 알려져 있다. 예를 들면, 뜨겁고 차가운 것을 서로 반대되는 것으로 본다. 뜨겁고 차가운 것 사이의 유일한 차이는 온도 차이밖에 없다는 사실을 과학적으로 잘 알면서도, 우리는 곧잘 그런 식으로 생각한다. 아이들 사이에서 이런 식의 이분법적 사고가 자주 발견될 뿐만 아니라 철학의 초기 역사에서도 그런 사고가 확인된다. 그리스 철학의 초기 역사는 이 같은 사고에 크게 좌우되었다. 오늘날까지도 거의 모든 아마추어 철학자는 이 같은 사고를 바탕으로 가치들을 측정하려고 노력한다. 삶과 죽음, 위와 아래, 남자와 여자의 구분도 그런 예들이다.

현재 아이들이 보이고 있는 지각 체계와 옛날의 철학 체계 사이에 중요한 유사점이 있다. 이를 근거로, 세상을 이분법적으로 나누는 데 익숙한 사람들은 어린 시절의 사고방식을 그대로 간직하고 있다고 할 수도 있지 않을까.

이분법적 사고에 따라 사는 사람들은 "전부 아니면 전무"로 표현

될 수 있는 어떤 원칙을 갖고 있다. 물론 이 세상에서 그런 이상을 실현하는 것은 불가능하다. 그럼에도 불구하고 그런 사람들은 그 이상에 따라 삶을 영위한다. 인간이 전부 아니면 전무의 원칙에 맞춰 사는 것은 불가능하다. 2개의 극단 사이에는 무수히 많은 단계들이 있다. 전부 아니면 전무라는 식의 이분법적 사고는 주로 심각한 열등감을 갖고 있으면서 그에 대한 보상으로 부적절한 야망을 품게 된 아이들에게서 발견된다. 인류 역사에도 그런 성격의 인물이 발견된다. 예를 들면 권좌를 노리다가 친구들에게 살해당한 카이사르가 있다. 아이들의 성격적 특징과 기이한 행위 중 많은 것들이 그 뿌리를 파고들면 전부 아니면 전무라는 사고에 닿는다. 아이들의 삶을 들여다보면 이를 뒷받침할 증거들이 아주 많다. 그 증거들을 바탕으로 우리 어른들은 아이들이 상식과 반대되는 개인적 철학 또는 지능을 개발했다고 결론을 내린다. 한 예로 터무니없을 만큼 고집이 센 네 살짜리 소녀를 들 수 있다. 어느 날 어머니가 딸에게 오렌지를 주었다. 그러자 소녀는 오렌지를 받아 마룻바닥으로 던지며 이렇게 말했다. "엄마가 줄 때는 먹고 싶지 않아! 그러니 내가 먹고 싶을 때 주란 말야!"

게으른 아이들은 자신이 원하는 것을 전부 갖지 못하게 되면 공상의 공허한 세계로 더욱 깊이 빠져들게 된다. 그러나 그런 일이 벌어지더라도 아이를 망쳐놓았다고 섣불리 단정 짓는 일은 없어야 한다. 성격이 아주 예민한 아이들은 현실을 쉽게 외면할 수 있다는 사실을 우리 모두 잘 알고 있다. 그 아이들이 개인적으로 창조한 공상의 세계가 그들에게 추가적인 상처로부터 보호해 줄 것이라고 약속하기 때문이다.

그러나 이처럼 현실 세계로부터 한 발짝 뒤로 물러서는 것이 반드시 적응 불능을 예고하는 것은 아니다. 현실과 어느 정도 거리를 두는 것은 작가와 예술가뿐만 아니라 훌륭한 상상력이 요구되는 과학자에게도 필요하다. 공상은 개인이 삶에서 예상되는 불쾌한 일이나 실패를 피하기 위해 시도하는 우회로 그 이상도 아니고 그 이하도 아니다. 젊었을 때 상상력이 풍부했던 사람들이 훗날 공상과 현실을 적절히 결합하면서 인류의 지도자가 되었다는 사실을 우리는 잊지 말아야 한다. 그들이 지도자가 될 수 있었던 것은 훌륭한 학교 교육과 보다 예리한 관찰 때문만은 아니었다. 삶의 문제를 직시하며 성공적으로 해결하는 데 필요한 용기와 의식이 있었기 때문에 지도자가 될 수 있었던 것이다.

위대한 인물들의 전기를 읽어보면 많은 특징이 드러난다. 어릴 적에 나쁜 학생이었고 또 현실에 별로 쓸모가 없었으면서도 자신의 주변 정세를 관찰하는 능력이 탁월했던 인물들이 많이 보인다. 그런 인물들은 조건이 자신에게 호의적으로 작용하는 순간 그것을 절대로 놓치지 않는다. 즉각 용기가 커지고, 그러면 현실을 정확히 파악하고 문제를 해결해 나간다. 물론 아이들을 위대한 인물로 성장시키는 방법에 관한 규칙 같은 것은 있을 수 없다. 그러나 우리 어른들이 아이에게 퉁명스럽게 접근하는 일은 절대로 없어야 한다. 언제나 아이들에게 용기를 북돋워주고, 언제나 실제 삶의 의미를 설명해주려고 노력해야 한다. 그러면 아이들의 공상과 세상 사이에 균열이 생기지 않을 것이다.

9장

삶의 준비 상태를 점검하는
시금석, 새로운 상황

어느 때든 성격의 모든 표현들이 서로 함께 얽혀 있다는 의미에서 본다면, 정신생활은 통일성뿐만 아니라 지속성까지 보이고 있다. 시간의 흐름 속에서 성격은 돌발적인 비약 같은 것이 없는 상태에서 펼쳐진다. 현재와 미래의 행동은 언제나 과거의 성격과 조화를 이룬다. 그렇다고 해서 한 개인의 삶에 일어나는 사건들이 기계적으로 과거와 유전에 의해 결정된다는 뜻은 아니다. 미래와 과거가 단절 없이 서로 연결되고 있다는 뜻이다. 우리의 내면에 무엇이 들어 있는지를 아는 것은 절대로 불가능한 일이지만, 말하자면 우리가 자신의 능력을 최대한으로 발휘하는 순간까지는 그 능력을 절대로 알지 못하지만, 그래도 하룻밤 사이에 각자의 내면에서 쏙 빠져나오는 것은 불가능한 일이다.

기계적 결정론이 작용하지 않는 이 지속성 안에 교육과 향상의 가능성뿐만 아니라 주어진 어느 시점에 성격 발달의 상태를 탐지할 수 있는 가능성까지 들어 있다. 어떤 개인이 새로운 상황에 처하게 될 때, 그 사람의 숨겨진 성격적 특징들이 밖으로 드러나게 된다. 사람들을 대상으로 직접 실험을 한다고 가정해보자. 그런 경우에 그 사람들이 뜻밖의 새로운 상황을 경험하도록 하면, 그들의 발달 상태가 어떤지가 확인된다. 그 사람들이 새로운 상황에서 하는 행동은 과거의 성격과 일치한다. 이 행동은 일상적 상황에서의 행동과는 달리 그 사람의 성격을 드러낸다.

아이들의 경우에는 가정에서 학교로 옮겨 가거나 아니면 가정의 조건이 급격히 변하는 등 과도적인 상황에서 성격을 많이 드러내 보인다. 아이의 성격이 가진 한계들이 현상액에 담근 사진 건판의 이미지처럼 선명하게 나타나는 때가 바로 이런 과도기이다.

친절 그 이상의 이해

입양한 아이를 관찰한 적이 있다. 그 아이는 제멋대로 굴었고, 짜증을 부렸으며, 예측 불허의 성격이었다. 심리학자들과 대화할 때에도 아이는 조리 있게 대답하지 않았다. 아이는 심리학자들의 질문과 아무런 관계가 없는 것들에 대해 말했다. 전체 상황을 고려한 뒤, 우리는 이렇게 생각했다. 이 아이는 양부모의 집에서 생활하는 몇 개월 동안 양부모에게 적대적인 태도를 보였고, 따라서 아이는 양부모의 집에서 생활하는 것을 좋아하지 않았다고 말이다.

그것은 그 상황으로부터 끌어낼 수 있는 유일한 결론이었다. 그의 양부모는 처음에는 머리를 흔들었다. 그러면서 아이를 잘 대해주었다고 말했다. 실제로 아이는 양부모의 집에서 그 전 어느 때보다 더 좋은 대우를 받았다. 그러나 그것이 중요한 것이 아니다. 부모들은 종종 이런 식으로 말한다. "아이를 위해 모든 노력을 다 해봤어요. 다정하게도 대해 보았고 엄하게도 대해 봤어요. 그래도 아무 소용 없었어요." 친절만으로는 절대로 충분하지 않다. 친절에 호의적으로 반응하는 아이들이 있다. 그러나 아이가 그렇게 반응한다고 해서 아이를 변화시켰다고 상상해서는 안 된다. 그 아이는 자신이 한동안 유리한 입장에 있다고 믿는다. 그러나 기본적으로 아이는 그 전과 똑같은 상태이다. 친절이 사라지는 순간, 옛날의 조건으로 되돌아가게 되어 있다.

필요한 것은 이 아이가 어떻게 느끼고 생각하는지를 정확히 이해하는 것이다. 이 아이가 자신의 상황을 어떤 식으로 해석하고 있는지를 이해하는 것이 아주 중요한 것이다. 아이의 양부모가 생각하는 것이 중요한 것이 아니다. 우리는 양부모에게 이 아이는 그들에게서 행복을 느끼지 못하고 있다는 점을 지적했다. 아이의 태도가 정당한지 여부에 대해서는 말해줄 수 없었다. 그러나 아이의 내면에 그런 증오를 일으킬 만한 일이 있었음에는 틀림없다. 그래서 우리는 양부모에게 만약 아이의 잘못을 바로잡고 또 아이의 사랑을 얻을 수 있겠다는 믿음이 생기지 않는다면, 다른 사람에게 아이를 넘기는 것이 더 바람직할 것이라고 일러주었다. 왜냐하면 아이가 속박으로 여겨지는 모든 것에 대해 언제나 반항을 할 것이기 때문이다. 그 뒤에 소년이 정말로 격분하게 되었으며 실제로 위험한 존재로 여겨졌다는 소문이 들려왔다. 아이는 친절한 대우에 약간 개선되었을 수 있지만 그것으로는 절대로 충분하지 않았을 것이다. 왜냐하면 아이가 자신의 내면에서 벌어지고 있는 상황의 전체 그림을 제대로 파악하지 못하기 때문이다. 아이의 내면의 그림이 우리에게도 추가 정보를 통해 조금 더 선명해졌다.

이 예에 대한 설명은 이렇다. 소년은 양부모의 자식들과 함께 성장했는데 양부모가 친자식을 돌보는 것만큼 자신을 돌봐주지 않는다고 믿었다. 그건 분명 그처럼 크게 화를 낼 이유는 전혀 아니었다. 그러나 아이는 그 집에서 벗어나길 원했고, 따라서 그 욕망을 자극하는 모든 행위는 아이에게 적절한 행동처럼 보였다. 아이 스스로 설정한 목표에 비춰보면, 이 아이는 아주 똑똑하게 행동하고 있었다. 그렇기 때문에 이 소년이 혹시라도 정신이 박약해서 그랬던 것이 아닌가 하는 의문은 품지 않아도 되었다. 양부모의 가족이 소년의 행동을 변화시킬 수 없다고 판단하고 소년을 보내주는 것이 바람직하다는 것을 깨닫기까지 조금 시간이 걸렸다.

이런 처지에 있는 아이를 그런 잘못을 이유로 처벌할 때, 처벌은 그 아이에게 반항을 계속할 좋은 이유가 된다. 처벌은 아이로 하여금 반항하는 자신이 옳다고 느끼게 한다. 이런 관점을 제시하는 데는 그럴 만한 근거가 있다. 이 관점에서 보면, 그 아이의 모든 잘못은 환경에 맞서 싸우는 싸움의 결과로, 말하자면 아이가 아직 맞을 준비가 되어 있지 않은 새로운 상황을 만난 결과로 이해될 수 있다. 이 잘못들이 유치할지라도, 우리는 그런 것들에 놀라서는 안 된다. 왜 냐하면 어른들의 삶에도 그와 똑같은 유치한 징후들이 나타나기 때 문이다.

몸짓과 순수한 형식의 표현들을 해석하는 분야는 아직 거의 탐험 되지 않은 상태로 남아 있다. 아마 이 모든 표현 형식들을 체계적으 로 정리하고 각 형식들의 기원과 상호 연결을 연구하는 일에 가장 적합한 사람은 바로 선생일 것이다. 같은 형식의 표현도 경우에 따 라서 다양한 의미를 지닌다는 점을 잊지 말아야 한다. 또 2명의 아이 가 똑같은 일을 서로 다른 의미로 할 수 있다는 사실도 잊지 말아야 한다. 게다가 문제 아이들의 표현 형식은 똑같은 심리적 원천에서 나올 때조차도 서로 다를 수 있다. 한마디로 말해, 어떤 목표에 닿는 길은 여러 갈래이다.

아이의 문제에 있어서는 상식의 관점에서 옳다거나 그르다고 말 할 수 없다. 아이들이 실수를 저지르는 것은 아이들이 그릇된 목표 를 갖고 있기 때문이다. 당연히 이 그릇된 목표에 닿으려는 노력의 결과로 나오는 것들도 그릇될 수밖에 없다. 실수를 저지를 가능성은 무수히 많은데도 어느 순간에나 진리는 오직 하나뿐이라는 것이 바 로 인간 본성의 한 기이한 특징이다.

다양한 표현 형식

아주 중요함에도 불구하고 학교에서 전혀 관심을 기울이지 않는 표현 형식이 몇 가지 있다. 예를 들면, 잠을 자는 자세이다. 15세 소년의 예가 흥미를 자극한다. 당시 오스트리아 황제이던 프란츠 요제프(Franz Joseph)가 죽어서 귀신으로 나타나 자신에게 군대를 조직하여 러시아에 맞서 싸우라는 명령을 내렸다는 환상에 시달리며 힘들어하던 소년이었다. 이 소년이 어떤 모습으로 잠을 자는지를 확인하기 위해 소년의 방에 들어갔을 때, 놀라운 장면이 펼쳐졌다. 소년이 나폴레옹의 자세로 누워 있었던 것이다. 다음날 본 아이의 자세도 잠을 잘 때 보였던 군인의 자세와 비슷했다. 환상과 소년이 깨어 있을 때 보인 태도 사이에 어떤 연결이 있는 게 분명했다.

우리는 소년과 대화를 시도했다. 그러면서 소년에게 황제가 아직 살아 있다는 점을 설득시키려 했다. 소년은 그걸 믿으려 들지 않았다. 소년은 자신이 카페에서 손님들에게 서빙을 할 때 언제나 작은 키 때문에 놀림을 당했다는 이야기를 털어놓았다. 우리는 아이에게 그런 자세로 걷는 사람을 알고 있는지 물었다. 그러자 아이는 잠시 생각하는 듯하더니 "저의 선생님, 마이어 선생님."이라고 대답했다. 우리는 아이의 성격을 제대로 분석하고 있는 것처럼 보였다. 이어 마이어 선생을 또 다른 키 작은 나폴레옹으로 그림으로써, 우리는 소년이 어려움을 극복할 수 있도록 도와 줄 수 있었다. 이보다 더 중요한 것이 있었다. 소년이 선생이 되고 싶어 했다는 점이다. 마이어 선생은 소년이 좋아하는 선생이었으며, 소년은 모든 면에서 마이어 선생을 모방하길 좋아했다. 요약하면, 이 소년의 전체 삶의 이야기는 자세로 압축되었다.

새로운 상황은 아이가 세상을 살아갈 준비를 어느 정도 잘 갖추고 있는지를 확인할 수 있는 테스트이다. 준비가 잘 되어 있는 아이라면 새로운 상황을 자신감을 갖고 맞을 것이다. 그러나 준비가 제대로 되어 있지 않은 아이라면, 새로운 상황은 긴장을 낳을 것이고 이 긴장은 무능력하다는 느낌을 낳을 것이다. 무능력하다는 느낌은 아이의 판단을 왜곡시킨다. 따라서 아이의 반응이 엉뚱하게 된다. 말하자면 아이의 반응이 상황의 요구에 부응하지 못하게 된다는 뜻이다. 아이의 반응이 사회적 감정을 바탕으로 한 것이 아니기 때문이다. 달리 말하면, 학교에서 아이가 실패하는 원인은 학교 제도의 비능률뿐만 아니라 아이의 결함으로도 돌려져야 한다.

새로운 상황도 면밀히 검토해야 한다. 새로운 상황이 아이가 나빠지게 만드는 원인이라고 믿어서가 아니라, 새로운 상황을 제대로 파악해야만 아이가 준비를 제대로 갖추지 못한 부분이 어떤 것인지를 더 정확히 이해할 수 있기 때문이다. 모든 새로운 상황은 아이의 준비 상태를 점검하는 테스트로 여겨져야 한다.

여기서 개인 심리학이 학생 지도를 위해 기재해 줄 것을 요구하는 설문지의 일부 내용에 대해 논의하고 싶다.

언제부터 불평이 있었는가? 이 질문 앞에서 사람들은 당장 새로운 상황으로 눈을 돌리게 된다. 아이가 학교에 입학할 때까지는 괜찮았다고 말하는 어머니는 자신이 진정으로 이해하지 못하고 있는 이야기를 우리에게 들려주고 있다. 그 아이에게는 학교가 지나치게 버겁다. 어머니가 이 질문에 "3년 전부터"라고 대답하는 것으로는 충분하지 않다. 3년 전에 아이의 환경이나 육체적 조건에 어떤 변화가 있었는지를 알아야 한다.

아이가 자신에 대한 믿음을 잃고 있다는 점을 보여주는 첫 번째 신호는 종종 학교생활에 적응하지 못하는 무능력에서 발견된다. 최초의 실패가 심각하게 받아들여지지 않는 경우가 간혹 있다. 이 같은 사실은 곧 아이에게 재앙을 의미할 수 있다. 아이가 학교에서 나쁜 성적 때문에 선생으로부터 손바닥으로 체벌을 받는 횟수가 어느 정도인지, 이 나쁜 성적 혹은 체벌이 아이의 우월 욕구에 어떤 영향을 미치는지를 확실히 파악해야 한다. 이런 상황에서 아이가 자신에 겐 성공할 능력이 없다고 믿어버릴 수도 있기 때문이다. 이때 혹시라도 부모가 "머저리 같은 게!"라는 말을 버릇처럼 한다면, 아이의 자괴감은 더욱 커질 것이다.

일부 아이들은 실패에 오히려 자극을 받기도 한다. 그런 한편 실패 앞에서 무너지고 마는 아이들도 있다. 자신감을 잃고 미래에 대한 믿음을 잃는 아이들은 용기를 북돋워줘야 한다. 그런 아이들은 인내심을 갖고 관대하게 다뤄야 한다.

성에 대해 무뚝뚝하게 설명해 주면, 아이가 충격을 받고 혼란에 빠질 수도 있다. 다른 형제의 눈부신 성공도 아이가 추가적인 노력을 단념하도록 할 수 있다.

그 전에도 정신적 및 육체적 허약을 보여줄 만한 일이 있었는가? 이 질문은 곧 이런 물음을 던지는 것이나 마찬가지이다. 상황에 변화가 일어나기 전에도 아이의 준비 부족이 확인되었는가? 이 질문에 온갖 대답이 다 나온다. "아이가 어수선했다." 이는 곧 엄마가 아이를 위해 모든 것을 대신 해주었다는 뜻이다. "아이가 언제나 소심했다." 이 말은 아이가 가족에게 강하게 집착했다는 것을 의미한다. 아이가 허약했던 것으로 묘사될 때, 그 아이는 허약한 신체기관을 갖고 태어났고 또 허약한 체질 때문에 응석받이로 자랐다고 봐도 무방하다. 아니면 못생긴 얼굴 때문에 무시당했든가, 둘 중 하나일 것이다. 이 질문은 또한 의지에 관한 정보도 요구할 것이다. 아이가 매우 느리게 발달하기 때문에 정신적으로도 허약하다는 의심을 받을 수 있다. 정신적 발달이 늦은 아이는 훗날 그런 조건에서 벗어나더라도 응석받이로 컸거나 제한을 받았다는 감정을 그대로 간직할 수 있다. 이 감정이 새로운 상황에 대처하려는 노력을 더욱 어렵게 만들 수도 있다. 만약 아이가 소심하거나 부주의하다는 소리가 들리면, 아이가 타인의 관심을 끌기 위해 그런 식으로 행동했다고 믿어도 크게 틀리지 않을 것이다.

선생의 첫 번째 임무는 아이의 마음을 사로잡고 그것으로 아이의 용기를 키워주는 것이다. 어떤 아이가 어색한 모습을 보인다면, 그때 선생은 우선 아이가 왼손잡이인지를 확인해야 한다. 만약 어색한 모습이 지나칠 정도라면, 선생은 아이가 자신의 성별 역할을 제대로 이해하고 있는지를 알아 봐야 한다. 여성적인 분위기가 지배적인 집안에서 자란 탓에 소년의 집단을 피하다가 놀림을 당하며 소녀처럼 취급당하는 소년들은 소녀의 역할에 익숙해 하며 훗날 심각한 심적 갈등을 빚게 될 것이다.

남자와 여자의 성기 구조에 대한 지식을 얻지 못하게 될 경우에 아이들은 남녀를 바꾸는 것도 가능하다는 믿음을 갖게 된다. 그러나 그런 아이들은 마침내 자신의 신체 구조를 변화시키는 것은 불가능한 일이라는 사실을 깨닫고는 자신이 원하는 성에 따라 남자나 여자의 정신적 특징을 발달시킴으로써 보상하려 들 것이다. 그런 아이들은 그 같은 경향을 옷이나 태도로 표현하게 된다.

사회적 관계

일부 소녀들은 여자들의 직업에 대한 혐오감을 발달시킨다. 주된 이유는 그런 일들이 무가치해 보이기 때문이다. 이거야말로 서구 문명의 근본적인 실패가 아닐 수 없다. 남자들이 여자들에게 주어지지 않는 특권을 누리는 전통은 지금도 여전하다. 서구 문명은 확실히 남자에게 유리하게 작용한다. 남자들만의 특권까지 인정하고 있다. 대체로 보면 남자 아기의 출생이 여자 아기의 출생보다 더 큰 기쁨을 안겨준다. 이는 아들과 딸 모두에게 해로운 영향을 미치지 않을 수 없다. 소녀는 곧 열등의 가시에 찔려 아파할 것이고, 소년은 주변의 기대 때문에 부담감을 강하게 느끼게 될 것이다. 소녀들은 발달에서도 제한을 받는다. 이 같은 현상이 더 이상 눈에 두드러지지 않는 나라도 있다. 미국이 대표적인 예이다. 그러나 사회적 관계에 있어서는 미국에서조차도 아직 균형이 성취되지 못하고 있다.

이 부분에서 아이들의 내면에 그대로 비치고 있는 인류의 전체 심리 상태로 눈을 돌려 보자. 여자의 역할을 받아들인다는 것은 곧 어느 정도의 곤경을 감수해야 한다는 의미이며, 이 곤경이 간혹 반항을 야기하기도 한다. 이 반항은 종종 제멋대로 구는 태도나 완강함, 나태함 등으로 표현되며, 이 모든 것들은 우월 욕구와 관계가 있다. 이런 징후들이 나타날 때, 선생은 그 소녀가 여자라는 사실에 불만을 품고 있는지 여부를 확인해야 한다.

이 같은 특별한 불만은 점점 커져 다른 분야에도 영향을 미치게 된다. 그러면 전반적인 삶이 짐이 되어 버린다. 인간이 남녀로 구분되지 않는 그런 행성에서 살고 싶다는 소리가 간혹 들린다. 이런 괴상한 사고방식은 다양한 모순을 낳거나 철저한 무감각이나 범죄, 심지어 자살로 이어질 수도 있다. 처벌과 애정의 철회는 단지 아이가 이미 느끼고 있는 부적절하다는 감정을 강화할 뿐이다.

아이가 남자와 여자의 차이를 공개적으로 배우고 또 남자와 여자는 똑같이 소중하다는 점을 배울 때, 그런 불행한 조건들을 피할 수 있게 된다. 대체로 보면 아버지는 우월한 존재로 여겨진다. 아버지는 소유하고, 규칙을 만들고, 집안을 이끌고, 아내에게 설명해주고, 또 집안일을 결정하는 것처럼 보인다. 남자 형제들은 여자 형제들보다 우위에 서려고 노력하고 경멸과 비판을 통해 여자 형제들이 여자로 태어난 사실에 대해 불만을 품도록 만든다. 심리학자들은 남자들의 이런 행동이 그들의 허약함에서 비롯된다는 사실을 잘 알고 있다. 무엇인가를 해낼 수 있는 것과 단지 할 수 있는 것처럼 보이는 것 사이에는 천지 차이가 있다. 여자들이 지금까지 위대한 성취를 이루지 못했다는 주장은 말도 안 되는 소리이다. 지금까지 여자들은 위대한 일을 하도록 키워지지 않았을 뿐이다. 남자들은 여자들이 양말이나 깁게 하고 그것이 여자들의 할 일이라고 설득시키려 노력했다. 이 같은 행태는 부분적으로 사라졌다. 그러나 오늘날 어른들이 소녀들을 준비시키는 방식을 보면 소녀들에게 특별한 것을 기대하지 않는다는 암시가 여전히 읽히고 있다.

소녀가 준비를 제대로 하지 못하도록 막아놓고는 소녀가 성취를 많이 이루지 못한다는 점을 악의적으로 비판하는 것은 터무니없는 짓이다. 현재의 상황을 향상시키기는 쉽지 않다. 왜냐하면 아버지뿐만 아니라 어머니까지도 남자들의 특권을 정당한 것으로 보고 또 그런 사고방식으로 아이들을 키우고 있기 때문이다. 부모들은 아이들에게 남자의 권위는 당연한 것이며 소년들은 명령할 수 있고 소녀들은 거기에 복종해야 한다는 식으로 가르치고 있다. 아이들은 가능한 한 빨리 자신의 성별을 확실히 알아야 하고 또 성을 바꾸는 것은 불가능한 일이라는 사실을 깨달아야 한다. 여자들은 남자들이 권위와 우월을 갖는다는 인식에 분개한다. 이 분노가 아주 큰 여자라면 자신의 성을 받아들이길 거부하고 가능한 한 남자처럼 굴려고 노력하기도 한다. 개인 심리학은 이 같은 현상을 "남성 우위 사회에 대한 항의"라고 불렀다.

기형이나 불완전한 발달 같은 이차적 징후들(소녀들에게 나타나는 남자 같은 육체적 특징과 소년들에게서 나타나는 여자 같은 육체적 특징)은 어른들로 하여금 해부학적 측면에서 아이들의 성별을 의심하도록 만든다. 이 믿음은 간혹 아주 깊으며 신체적 허약과 관련이 깊다. 어린 아이 같은 육체는 여자보다 남자에게서 더 자주 나타나는데, 사람들은 이런 육체를 보면서 남자가 여자 같은 특징을 갖고 있다고 말한다. 틀린 말이다. 왜냐하면 그런 아이가 여자가 아니라 아이를 닮았기 때문이다. 신체가 충분히 발달하지 않은 사람은 스스로 열등감을 강하게 느낀다. 우리 문명의 일반적인 이상이 완전히 성장한 남자는 여자를 능가하는 성취를 이룰 수 있어야 한다고 강조하고 있기 때문이다. 소녀의 경우 불완전한 발달 혹은 미(美)의 결여는 자주 삶의 문제에 대한 혐오를 낳는다. 우리가 아름다움을 과도하게 평가함에 따라 나타나는 현상이다.

성질과 기질과 감정은 남녀 성별을 암시하는 3가지 요소이다. 민감한 소년들은 여자 같다는 소리를 듣고, 침착하고 자신감에 찬 소녀는 남자 같다는 소리를 듣는다. 그런 특징은 절대로 타고나는 것이 아니며 언제나 습득되는 것이다. 어린 시절 초기의 이런 특징들은 훗날까지도 기억되며, 어른들은 자신이 어릴 적에 특이한 존재였다거나 소년이나 소녀처럼 행동했다거나 말수가 적었다는 사실에 대해 자주 언급한다. 그런 것들은 아이들이 자신의 성별 역할에 대해 어떻게 해석하느냐에 따라 달리 발달한다.

여기서 나는 부모나 교육자들이 아이들에게 성적 문제에 대해 설명하게 될 때에는 아이들의 90% 이상이 이미 오래 전에 배운 뒤의 일이라는 점을 강조하고 싶다. 성에 관한 설명에 대해 어떤 원칙 같은 것을 제시할 수는 없다. 왜냐하면 어떤 아이가 어느 정도까지 받아들일 것인지, 그런 설명을 신뢰할 것인지, 아니면 그 설명이 전반적으로 아이에게 어떤 영향을 미칠 것인지에 대해 아무도 예측하지 못하기 때문이다. 때 이른 설명도 바람직하지 않을 수 있다. 물론 그렇게 한다고 해서 언제나 아이에게 해로운 영향을 미치는 것은 아니지만 말이다.

양자 혹은 의붓자식의 문제도 어려운 문제이다. 양자 혹은 의붓자식인 아이들은 좋게 대해주면 당연한 것으로 여기고 좋지 않게 느껴지는 것이 있으면 무엇이든 자신들의 특별한 처지 탓으로 돌린다. 간혹 보면 어머니를 잃은 아이가 아버지와 가까워진다. 그러다 시간이 조금 지나 아버지가 결혼을 하게 되면, 아이는 자신이 버림받았다고 느끼면서 의붓어머니와 친하게 지내려 하지 않는다. 자신의 부모를 양부모로 여기는 아이들이 일부 있다는 사실도 흥미를 자극한다. 이는 당연히 부모에 대한 강한 불만과 비판을 암시한다. 양부모들은 양부모가 마치 악의 화신처럼 나오는 많은 동화들 때문에 악명을 얻게 되었다.

이런 예에서 보듯, 동화가 아이들에게 완벽한 읽을거리가 아니라고 말할 수도 있다. 아이들이 동화를 통해서 인간 본성에 대해 많은 것을 배우기 때문에 아이들에게 동화를 철저히 금지시키는 것은 불가능한 일이다. 그러나 동화를 읽고 나면 아이들에게 그 내용을 바로잡을 수 있는 기회를 주고 또 잔인하거나 왜곡된 공상을 담고 있는 동화를 읽지 않도록 하는 것은 바람직한 일이다. 잔인한 행동을 일삼는 강력한 남자들에 관한 동화들이 간혹 어린이 독자들을 강하게 키우고 부드러운 감정을 죽이는 교육에 이용되었다. 이것은 영웅숭배에서 비롯된 그릇된 생각이다. 소년들은 남에게 공감을 보이는 것을 남자답지 못하다고 생각한다. 왜 부드러운 감정이 비난의 대상이 되어야 하는지, 그 이유를 나는 도무지 이해하지 못한다. 왜냐하면 부드러운 감정이야말로 악용되지 않을 경우에는 아주 값진 미덕이기 때문이다.

사생아들도 극도로 어려운 상황에 놓여 있다. 혼인 외의 관계에 따른 부담을 남자는 전혀 지지 않는 가운데 여자와 아이만 지는 것은 정당하지 못하다는 사실은 말할 필요조차도 없다. 당연히 그런 관계에 따른 대가를 가장 크게 치루는 것은 바로 아이이다. 그런 아이를 아무리 많이 도와주기를 원할지라도, 그 아이들의 고통을 예방하는 것은 불가능하다. 왜냐하면 그 아이들의 상식이 아이들에게 모든 게 뒤죽박죽이라고 속삭이고 있기 때문이다. 그런 아이들은 친구들로부터도 놀림을 당하고, 자신들의 생활 조건을 힘들게 만드는 국가의 법 때문에도 고통을 받고, 사생아라는 낙인을 영원히 안고 살게 된다. 그런 아이들은 민감한 성격 때문에 쉽게 싸움을 하고, 세상에 대해 적개심을 품게 된다. 어느 언어에나 사생아를 일컫는 모욕적인 표현들이 있다. 문제아와 범죄자들 중에 고아나 사생아들이 많은 이유도 쉽게 이해가 된다. 고아나 사생아에게 나타나는 이런 반사회적 성향을 타고난 성격의 탓으로 돌리면 절대로 안 된다.

10장
학교에 입학한 아이

앞에서 말한 바와 같이, 학교에 입학한 아이는 자신이 완전히 새로운 상황에 처해 있다는 사실을 깨닫는다. 모든 새로운 상황과 마찬가지로, 학교 입학도 사전 준비 상황을 측정할 수 있는 테스트로 여겨질 수 있다. 훈련이 적절히 잘 된 아이라면 학교 입학이라는 테스트를 정상적으로 무난히 통과할 것이다. 그러나 훈련이 제대로 되지 않은 아이라면, 준비가 제대로 되지 않았다는 사실을 확연히 드러낼 것이다.

아이가 유치원이나 초등학교에 들어갈 때, 교육자나 부모는 아이가 심리적으로 어떤 준비를 갖추고 있는지를 특별히 기록으로 남기지 않는다. 그러나 만약 그런 기록이 있다면, 그것을 들춰보기만 해도 아이가 성인이 된 뒤에 하는 행동에 대한 설명이 쉽게 찾아질 것이다. 이런 "새로운 상황 테스트"는 학업 성취를 측정하는 시험보다 훨씬 더 많은 것을 보여줄 것이다.

그러면 학교에 입학하는 아이에겐 무엇이 요구될까? 학교 공부는 과목에 대한 관심뿐만 아니라 선생과 급우들과의 협동까지 요구하는 임무이다. 아이가 새로운 상황에 대처하는 방식을 관찰함으로써, 우리는 아이가 가진 협동 능력의 크기와 관심 영역의 범위를 측정할 수 있다. 아이가 어느 과목에 관심이 많은지, 아이가 다른 사람의 말에 신경을 쓰는지, 아이가 학과목 외의 다른 일에 관심을 두는지 등이 파악될 것이다. 아이의 태도와 자세와 표정, 아이가 남의 말에 귀를 기울이는 방식, 아이가 선생에게 가까이 다가서는지 아니면 선생으로부터 멀찍이 떨어져 있는지 등을 세밀히 관찰하면, 앞에 말한 사실들이 확인된다.

이런 세부적인 사항들이 사람의 심리 발달에 어떤 식으로 영향을 미치는지는 다음에 소개하는 한 남자의 예를 통해 쉽게 확인될 것이다. 이 남자는 직장에서 겪는 어려움 때문에 심리학자와 상담을 했다. 심리학자는 그의 어린 시절을 돌아보면서 그가 딸만 있는 집안에서 성장했다는 사실을 알아냈다. 게다가 이 사람의 부모는 그가 태어나고 얼마 있지 않아서 세상을 떠났다. 학교에 입학할 때가 되자, 그는 여자학교에 등록해야 할 것인지 남자학교에 등록해야 할 것인지를 몰라 혼란스러워 했다. 그는 여자 형제들의 설득에 여자학교에 들어갔다. 그가 금방 여자학교에서 쫓겨났다는 사실은 말할 필요조차 없다. 그 경험이 아이의 마음에 남겼을 상처가 어떠했을 것인지도 쉽게 상상된다.

선생의 임무

학교 과목에 대한 관심은 주로 아이가 선생에게 갖는 관심에 좌우된다. 아이가 주의를 집중하게 만들고, 아이가 주의를 기울이지 않거나 집중하지 못하는 때를 즉시 파악해내는 것이 곧 선생의 능력이다. 집중력을 전혀 갖추지 않은 상태에서 학교에 입학하는 아이들이 많다. 그런 아이들은 일반적으로 응석받이로 자란 아이들이며 갑자기 주변에 낯선 사람들이 아주 많다는 사실에 어리벙벙해 한다. 다소 꼼꼼한 선생이라면, 그런 아이들은 마치 기억력을 전혀 갖고 있지 않은 아이처럼 보인다. 그러나 이 기억력의 결여가 흔히 생각하는 것만큼 간단하지가 않다. 선생으로부터 기억력이 형편없다고 꾸지람을 듣는 아이도 다른 일은 곧잘 기억한다. 이 아이는 심지어 주의를 집중할 줄도 안다. 그러나 응석이 다 받아들여지는 상황에서만 주의를 집중한다. 이 아이는 응석을 부리고 싶은 욕구에는 주의를 쏟지만 학교 공부에는 주의를 쏟지 않는다.

그런 아이가 학교에서 제대로 성공하지 못한다 하더라도, 말하자면 형편없는 성적을 받든가 시험을 통과하지 못하게 된다 하더라도, 아이를 탓하거나 나무라봐야 아무 소용이 없다. 비판이나 꾸지람은 아이의 라이프스타일을 바꿔놓지 못한다. 반대로 비판이나 꾸지람은 아이에게 학교에 어울리지 않는다는 믿음을 더 강하게 심어줄 것이다. 그러면서 아이가 비관적인 태도를 발달시키도록 만들 것이다.

응석받이 아이도 선생의 설득에 넘어가게 되면 종종 아주 훌륭한 학생이 된다는 사실은 많은 것을 생각하게 만든다. 응석받이 아이들은 자신이 유리한 입장일 때에는 공부도 잘한다. 그러나 불행하게도 그 아이들이 학교에서도 언제나 자신의 욕구를 채울 수 있다는 보장은 절대로 없다. 만약 그런 아이가 학교를 바꾸거나 선생을 바꾼다면, 그리고 특별한 어떤 주제에서 발전을 꾀하지 못하게 된다면(응석받이 아이들에게는 언제나 산수가 위험한 과목이다), 아이는 갑자기 모든 것을 중단할 것이다. 이 아이가 학교에서 앞서 나가지 못하는 이유는 그때까지 모든 일들이 편하게 풀리는 데 익숙해 있었기 때문이다. 이 아이는 어려운 문제를 해결하느라 끙끙거려본 적이 한 번도 없으며 힘들여 노력하는 방법조차 모르고 있다. 어려움에 직면하면서 의식적 노력을 통해 앞으로 나아가는 데 필요한 인내도 전혀 없다.

입학 준비

이젠 입학을 위한 건전한 준비가 어떤 것인지를 보도록 하자. 준비가 제대로 되어 있지 않은 아이들을 보면 언제나 엄마의 영향이 확인된다. 엄마가 아이의 관심을 가장 먼저 일깨우는 사람이고 따라서 아이의 관심을 건전한 방향으로 돌리는 결정적인 책임을 져야 하는 이유를 우리는 쉽게 이해할 수 있다. 종종 그렇듯 엄마가 그런 책임을 다 완수하지 못하면, 아이가 학교에서 하는 행동에 그 결과가 분명히 나타난다. 엄마의 영향 외에도, 가족의 영향이라는 복잡한 요소가 있다. 아버지의 영향, 형제자매들 사이의 경쟁이 그런 예이다. 이에 대해서는 다른 장에서 이미 논했다. 이외에도 외적 영향과 나쁜 환경과 편견 등이 있다. 이런 것들에 대해서는 별도의 장에서 논하게 될 것이다.

요약하면, 아이가 학교생활을 제대로 준비하지 못하게 만드는 환경이 이렇게 많은데도 아이를 학교 성적으로만 판단하는 것은 바보같은 짓이다. 아이의 성적표를 그보다는 아이의 현재 심리적 조건을 말해주는 중요한 지표로 받아들여야 한다. 아이가 학교에서 받아오는 것은 점수가 아니다. 아이의 지능과 관심, 집중력 등을 말해주는 자료일 뿐이다. 학교 시험과 지능 테스트의 구성이 서로 다름에도 불구하고, 학교 시험을 지능 테스트 같은 과학적 테스트와 달리 해석해서는 안 된다. 학교 시험이나 지능 테스트나 똑같이 아이의 마음을 보여주는 것으로서 강조되어야 한다. 아이들이 시험지에 적은 쪼가리 지식의 양을 강조해서는 절대로 안 된다.

최근에 소위 말하는 지능 테스트가 많이 개발되었다. 지능 테스트들은 선생들에게 큰 비중을 차지한다. 지능 테스트들이 가치 있는 경우도 더러 있다. 왜냐하면 일반적인 시험으로는 보여주지 못하는 것을 보여주기 때문이다. 이따금 지능 테스트가 아이의 구원자가 되기도 한다. 예를 들어 보자. 어떤 소년이 나쁜 성적표를 받자 선생이 소년을 유급시키려 한다. 그때 소년의 지능이 높은 것으로 드러난다. 그러자 아이에게 유급이 아니라 반대로 월반이 허용된다. 아이는 스스로 성공했다는 느낌을 받으며 그 이후로 행동을 달리 하게 된다.

지능 테스트의 기능을 과소평가할 뜻은 전혀 없다. 그러나 지능 테스트를 활용한다 하더라도, 아이 본인이나 부모는 아이의 IQ를 몰라야 한다. 학부모도 아이도 지능 테스트의 진짜 가치를 잘 모른다. 그들에게 지능 테스트는 최종적 결론을 뜻한다. 지능 테스트에 아이의 운명이 달려 있다는 식이다. 그렇게 되면 아이는 그 이후로 IQ의 지배를 받게 된다. 실제로 보면, 지능 테스트의 발견들은 절대적인 것으로 여겨질 경우에 당연히 비판의 대상이 되어야 한다. 높은 IQ는 훗날 삶의 어떤 것도 보장하지 못한다. 현실에서 성공을 거둔 많은 사람들이 지능 테스트에서 낮은 점수를 받는다.

개인 심리학자들의 경험에 따르면, 지능 테스트에서 낮은 점수가 나올 때마다 점수를 높일 적절한 방법을 배우기만 하면 그 다음에 점수가 꽤 높아지는 것이 확인된다. 그 적절한 방법 중 하나가 바로 아이가 지능 테스트를 갖고 놀도록 하는 것이다. 아이가 테스트에 숨어 있는 함정을 발견하여 준비를 제대로 하면 점수가 크게 높아지는 것이다.

아이들이 학교의 일상에 어떤 영향을 받고 있는지, 혹시 아이들이 학교의 힘든 교과과정에 짓눌리고 있지는 않은지를 살피는 것도 중요하다. 학교 교과과정에 포함된 과목들을 과소평가할 생각은 없다. 또 학교에서 가르치는 과목을 줄여야 한다고 생각하지도 않는다. 과목들을 일관되게 가르치는 것도 당연히 중요하다. 그래야만 아이들이 그 과목들의 목표와 실용적 가치를 확인하고 그것을 단지 추상적이고 이론적인 것으로만 여기지 않게 될 것이다. 지금 아이들에게 학과목과 사실들을 가르치는 것이 더 중요한가 아이의 성격을 가르치는 것이 더 중요한가 하는 문제를 놓고 논의가 뜨겁게 전개되고 있다. 개인 심리학은 이 2가지를 결합시킬 수 있다고 믿고 있다.

앞에서 말한 바와 같이, 아이들에게 가르치는 과목들은 재미있기도 하고 실용적이기도 해야 한다. 수학은 어떤 건물의 양식과 구조, 그리고 거기서 살고 있는 사람들의 숫자 등과 연결시켜 가르쳐져야 한다. 몇 개의 과목이 동시에 가르쳐질 수도 있다.

보다 진보적인 일부 학교에서는 과목들을 상호관계 속에서 가르치는 방법을 아는 전문가들을 두고 있다. 이 전문가들은 아이들과 함께 산책을 나가서 아이들이 특별히 관심을 보이는 주제가 어떤 것인지를 발견한다. 이 전문가들은 가르칠 내용을 서로 결합시키는 방법을 배운다. 예를 들면, 식물에 관한 내용과 식물의 역사, 그 나라의 기후 등과 결합시키는 것이다. 이런 식으로 전문가들은 그렇게 하지 않았더라면 아이의 관심을 끌지 못했을 주제들을 아이들의 관심권으로 끌어들일 뿐만 아니라 아이에게 사물에 통합적으로 접근하는 방법을 가르친다. 이런 통합적이고 조화로운 접근이야말로 모든 교육의 종국적 목표가 아닐까.

교육자가 절대로 간과해서는 안 되는 사실이 한 가지 있다. 학교에 오면 아이들이 각자 개인적 경쟁을 벌이고 있다고 느낀다는 사실이다. 이 같은 사실이 중요한 이유는 쉽게 이해된다. 이상적인 학급은 아이들 모두가 스스로를 전체의 일부로 느끼는 그런 하나의 단위여야 한다. 선생은 아이들 사이의 경쟁과 개인적 야망이 적절한 범위를 벗어나지 않도록 관리를 잘 해야 한다. 아이들은 다른 아이들이 자기보다 앞서 나가는 것을 보고 싶어 하지 않는다. 그러면서도 경쟁자들을 앞서기 위한 노력을 늦추지도 않으며 또 경쟁자들에게 뒤처져 낙심하고 싶어 하지도 않는다. 선생의 조언과 지도가 아주 중요한 이유가 거기에 있다. 선생의 적절한 말 한 마디는 아이의 에너지를 경쟁적인 경로에서 협동적인 경로로 돌려놓을 것이다.

이 맥락에서 보면 학급 안에서 자율적인 어떤 제도를 운영하는 것도 이로울 것이다. 아이들이 자율성을 발휘할 준비를 갖출 때까지 기다릴 필요도 없다. 우선 아이들이 학급에서 돌아가는 것을 지켜보도록 하고, 그런 다음에 선생의 조언을 들어가며 활동하도록 하면 된다. 준비가 되지 않은 상태에서 아이들에게 자율권을 전적으로 주면, 아이들이 처벌에 있어서 선생보다 더 엄격하게 나온다는 사실이 확인될 것이다. 아니면 개인적 이익이나 우월을 노려서 정치력까지 발휘하고 나서는 것이 확인될 것이다.

학교를 통한 아이들의 향상에 대해 말하자면, 선생의 견해와 아이들의 견해가 동시에 고려되어야 한다. 이 점에 있어서는 아이들의 판단이 아주 우수하다는 사실이 무척 흥미롭다. 아이들은 글쓰기와 그림, 체육에서 누가 가장 뛰어난지를 아주 잘 안다. 아이들은 서로에 대한 평가를 꽤 잘한다. 간혹 아이들이 다른 아이들에게 정의롭지 않을 때가 있지만 아이들은 금방 그 같은 사실을 깨닫고 공평하려고 노력한다. 가장 큰 문제는 아이들이 스스로를 낮춰본다는 점이다. 아이들이 "나는 따라잡지 못해."라는 식으로 믿어버리는 것이다. 이는 사실과 다르다. 아이들은 앞서 가는 아이들을 따라잡을 수 있다. 아이들의 판단에 나타나는 이 같은 실수를 정확히 지적해 줘야 한다. 그렇게 하지 않으면 이 실수가 고정관념이 되어 평생 동안 아이에게 영향을 미치게 될 것이다. 그런 생각을 가진 아이는 절대로 앞으로 나아가지 못하고 언제나 그 자리에서 맴돌게 될 것이다.

아이들의 절대 다수는 언제나 학교에서 같은 수준에 머문다. 우수한 아이들이 있고 가장 뒤처지는 아이들이 있고 평균적인 아이들이 있다. 대부분의 아이들은 한번 속한 수준을 그대로 지킬 것이다. 이 같은 상황은 뇌의 발달을 반영하기보다는 심리적 태도의 타성을 반영하는 것 같다. 이는 아이들 스스로가 한계를 설정하고 그 다음에 몇 차례 저지를 당한 뒤에 낙관적인 생각을 접게 된다는 점을 보여주는 한 신호이다. 그러나 상대적인 위치에 변화가 가끔 일어난다는 사실이 중요하다. 왜냐하면 그 같은 사실이 어떤 아이의 지적 수준을 지배하는 숙명 같은 것은 절대로 없다는 점을 보여주기 때문이다. 아이들은 이 같은 사실을 반드시 알아야 하고 그것이 각자의 경우에 어떤 식으로 적용되고 있는지를 이해해야 한다.

버려야 할 미신들

선생과 아이들은 평범한 지능을 가진 아이들이 성취한 결과들까지도 특별한 유전의 덕이라고 믿는 미신을 버려야 한다. 이것이 아마 아이들의 교육과 관련해서 저지른 실수 중에서 가장 큰 실수일 것이다. 능력이 유전된다는 믿음 말이다. 개인 심리학이 처음 이 점을 지적했을 때, 많은 사람들은 그것이 과학에 근거한 일반화가 아니고 단순히 개인 심리학의 낙관적인 짐작에 불과하다고 생각했다. 그러나 지금은 많은 심리학자와 정신과의사들이 이 같은 관점을 받아들이고 있다. 유전이 너무 쉽게 부모와 선생, 아이들을 위한 희생양이 되고 있다. 노력이 요구되는 어려움이 나타날 때마다, 부모와 선생과 아이들은 노력에 따른 책임에서 벗어나기 위해 걸핏하면 유전을 들먹인다. 그러나 우리 모두에겐 자신에 대한 책임에서 벗어날 권리가 전혀 없다. 우리를 책임에서 벗어나게 하는 결과를 낳는 의견이라면 어떤 것이든 일단 의심의 눈길을 줘야 한다.

자신의 일이 지니는 교육적 가치를 믿는 교육자, 그리고 교육을 성격 향상을 위한 훈련이라고 믿는 교육자는 절대로 유전의 원칙을 받아들이지 않는다. 육체적 유전에 대해 말하는 것이 아니다. 신체기관의 장애, 심지어 신체기관의 능력에 나타나는 차이도 유전된다는 사실을 우리는 알고 있다. 하지만 신체기관의 기능과 마음의 능력을 연결하는 다리가 어디에 있는가? 개인 심리학은 마음은 신체기관들이 가진 능력의 크기를 경험하고 또 그것을 제대로 고려해야 한다고 주장한다. 간혹 마음은 신체기관의 능력을 과도하게 고려한다. 마음이 신체기관의 무능에 크게 놀라고, 그 놀람이 신체적 장애가 제거된 뒤에도 오랫동안 이어진다는 점에서 보면 그렇다.

사람들은 어떤 현상에 직면하게 되면 언제나 그 현상을 거꾸로 더

들어 올라가며 기원을 찾길 좋아한다. 그러나 사람들의 성취를 평가할 때 끊임없이 동원되는 이 관점은 심각한 오해를 낳고 있다. 어떤 현상의 뿌리를 더듬는 과정에 흔히 일어나는 실수는 조상들의 대부분을 무시한다는 사실이다. 족보를 파고들면 세대마다 부모가 2명 있다는 엄연한 사실을 망각하는 것이다. 만약 5세대를 거슬러 올라가면, 우리의 조상은 64명이 되며 그 64명 중에는 우리의 능력의 씨앗이 되었을 것 같은 똑똑한 인물이 한 사람 정도는 틀림없이 있게 마련이다. 만약에 10세대를 거슬러 올라간다면, 총 조상은 4,096명이 될 것이며 그 중에는 능력이 출중한 인물이 적어도 한 사람은 있을 것이다. 아주 유능한 사람이 어떤 가문에 안겨준 전통이 유전과 비슷한 효과를 발휘한다는 점을 잊어서는 안 된다. 그래서 일부 가문이 다른 가문에 비해 유능한 사람을 더 많이 배출할 수 있는 것이다. 하지만 그것은 결코 유전이 아니다. 그것은 매우 명백하고 단순한 하나의 사실이다. 아이들이 아버지의 직업을 강제로 물려받아야 했던 때 유럽에서 일들이 어떤 식으로 돌아갔는지를 고려해보라. 만약 사회제도를 잊게 된다면, 거기서 아주 무서운 유전의 통계가 나올 수도 있다.

유전이라는 관념 다음으로 아이에게 중대한 곤경을 안겨주는 문제는 나쁜 학교 성적에 대한 처벌이다. 만약 어떤 아이가 형편없는 성적표를 받는다면, 그 아이는 자신이 선생의 미움을 산다고 느낄 것이다. 그 문제로 아이는 학교에서 고통을 받게 된다. 그런 가운데 아이는 집에 가서 다시 부모로부터도 꾸지람을 듣는다. 엄마와 아버지로부터 훈계의 말을 듣고 체벌까지 받기도 한다.

학교 선생들은 나쁜 성적표의 영향까지 고려할 줄 알아야 한다. 일부 선생들은 아이가 형편없는 성적표를 부모에게 보여주게 되면 공부를 더 열심히 하게 될 것이라고 믿는다. 그러나 그 선생들은 아이의 특별한 가정환경을 망각하고 있다. 일부 가정에서는 아이가 대단히 가혹하게 양육되고 있다. 그런 가정의 아이는 나쁜 성적표를 부모에게 보여주기 전에 한 번 더 생각하게 될 것이다. 그 결과 아이가 가출을 꾀하거나 아니면 부모에 대한 두려움 때문에 절망의 끝에 서서 자살을 감행할 수도 있다.

선생이 학교 제도에 대해 책임을 질 필요까지는 없다. 그러나 선생들은 기회가 날 때마다 학교 제도의 비인간적인 엄격성을 공감과 이해를 바탕으로 한 인간적 접촉으로 누그러뜨리도록 노력해야 한다. 그러면 선생은 학생의 가정환경을 근거로 그 학생을 더 부드럽게 다룰 수도 있고 또 그렇게 부드러워짐으로써 아이를 절망으로 내몰지 않고 용기를 불어넣을 수도 있을 것이다. 언제나 형편없는 점수를 얻는 탓에 다른 사람들로부터 학교에서 최악의 학생이라는 소리를 지속적으로 듣는 학생의 마음은 무겁기 그지없다. 그런 아이의 입장에서 생각한다면, 선생은 아이가 학교를 좋아하지 않는 이유를 즉시 이해할 수 있다. 어떤 아이가 학교에서 늘 비판의 대상이 되고 있고, 형편없는 성적표를 받고 있고, 또 남들을 따라잡을 희망을 잃고 있다고 가정해보자. 그런 상황에서 아이는 학교를 절대로 좋아하지 못할 것이며 틈만 나면 학교에서 달아나려고 노력할 것이다. 그렇기 때문에 그런 아이가 학교에 무단결석을 한다 하더라도, 우리는 화를 내면 안 된다.

우리는 그런 일에 놀라고 있을 게 아니라 그것이 의미하는 바를 깨달아야 한다. 아이의 무단결석은 나쁜 일의 시작을 의미한다. 무단결석이 사춘기에 일어난다면 특히 더 그렇다. 그런 아이들은 성적표를 위조하거나 무단결석을 하는 것으로 자신을 보호하려 들 만큼 똑똑하다. 그 과정에 그런 아이들은 똑같은 부류의 다른 아이들을 만나 갱단을 조직하고, 결국엔 범죄로 이어질 길을 걷기 시작한다.

어느 아이도 절망적인 아이로 여겨져서는 안 된다는 개인 심리학의 견해를 받아들이기만 하면, 이 모든 것을 피할 수 있다. 아이를 도와줄 수 있는 길은 언제나 있기 마련이다. 최악의 상황에서조차도 특별한 접근법은 반드시 있다. 그러나 그것을 찾아내려는 노력이 필요하다. 말하자면 그 접근법이 쉽게 눈에 띄는 곳에 있지는 않은 것이다.

아이들을 유급시키는 데 따를 나쁜 결과에 대해서는 언급할 필요조차 없다. 선생은 수업을 다시 듣는 아이가 학교와 가족 모두에게 문제라는 점에 동의할 것이다. 모든 경우가 다 그렇지는 않겠지만, 예외는 극히 드물다. 수업을 다시 듣는 아이들의 대부분은 만성적으로 수업을 다시 듣는 아이들이다. 그 아이들은 언제나 퇴보하는 모습을 보이며 결코 해결될 수 없는 문제를 제기한다.

언제 아이들이 수업을 다시 듣도록 할 것인가 하는 문제는 참으로 어려운 문제이다. 이 문제를 성공적으로 피하는 선생들이 있다. 그들은 방학을 이용하여 아이를 훈련시킨다. 그렇게 함으로써 아이가 자신의 라이프스타일에서 실수를 찾아내어 바로잡도록 한다. 그러면 아이는 다음 학년으로 자연스레 올라갈 수 있게 된다.

공립학교의 담임이 아이를 가장 잘 안다. 담임 선생은 제대로 보기만 하면 다른 누구보다도 학급이 돌아가는 상황을 더 잘 알 수 있다. 학급이 과밀해서 담임이 학생들을 파악하는 것이 불가능하게 되었다고 말하는 사람도 있다. 그러나 아이가 학교에 어떤 자세로 오는지를 관찰한다면, 담임은 아이의 라이프스타일을 금방 파악하고 많은 문제들을 피할 수 있을 것이다. 학급의 학생이 아주 많을 때조차도 그런 일은 가능하다. 아이들을 잘 알고 있는 담임은 아이들을 잘 알고 있지 못하는 선생에 비해 아주 많은 아이들을 훨씬 더 훌륭하게 교육시킬 수 있다. 과밀 학급은 분명 축복과는 거리가 멀고 또 피해야 할 문제이지만 그렇다고 극복하지 못할 장애는 결코 아니다.

심리학적 관점에서 보면, 선생들이 매년 바뀌지 않고 학생들과 함께 학년을 올라가는 것이 더 바람직하다. 만약 한 선생이 같은 아이들과 2년, 3년, 4년을 함께한다면, 그 같은 방침은 모든 면에서 유리하게 작용할 것이다. 선생은 모든 아이들을 더 친밀하게 알 수 있는 기회를 갖게 될 것이다. 아마 학생 각자의 라이프스타일에 나타나는 실수를 파악해서 그것들을 바로잡아 줄 확률도 더 높아질 것이다.

월반

아이들은 종종 월반을 한다. 월반이 이로운지 여부가 논쟁의 대상이 되고 있다. 그러나 아이들은 종종 월반 과정에 내면에 일깨워진 높은 기대를 충족시키는 데 실패한다. 학년을 건너뛰는 것은 나이가 급우들보다 많은 아이들에 한해서 고려되어야 한다. 또 한때 퇴보했다가 그 이후로 실력 향상을 이룬 아이의 경우에도 월반을 고려할 필요가 있다. 월반이 훌륭한 성적에 대한 보상으로 여겨져서는 곤란하다. 똑똑한 아이라면 그림이나 음악 같은 과외 활동에 더 많은 시간을 들이는 것이 아이 본인에게 더 이로울 것이다. 똑똑한 아이가 과외 활동을 통해 배우는 것들은 학급 전체에 유익하게 작용한다. 다른 아이들을 자극하기 때문이다. 뛰어난 아이를 학급에서 배제시키는 것은 좋지 않다. 출중하게 똑똑한 아이가 있으면 언제든 월반시켜야 한다고 말하는 사람들이 있다. 개인 심리학은 그렇게 믿지 않는다. 그보다는 전체 학급을 앞으로 끌고 가면서 발달의 동력을 부여하는 존재가 바로 똑똑한 아이들이라고 믿고 있다.

학교에서 발견되는 2가지 유형의 학급, 즉 우등반과 열등반을 조사해 보면 흥미로운 결과가 나온다. 우등반에서 정말로 의지가 약한 아이가 몇 명 발견되는 한편, 열등반에는 흔히 생각하는 것처럼 배움의 의지가 약한 아이들이 있는 것이 아니라 가난한 가정의 아이들이 있다는 사실이 확인된다. 가난한 집안의 아이들은 실력이 뒤처진다는 평판 때문에 힘들어하고 있다. 이 아이들이 뒤처지는 이유는 수업 준비가 제대로 되지 않기 때문이다. 이 같은 현실은 쉽게 이해된다. 가난한 부모들은 해야 할 일이 많아서 아이에게 시간을 조금도 할애하지 못한다. 아니면 아이들에게 수업을 준비시켜줄 만큼 교육 수준이 높지 않을 수도 있다. 심리적 준비가 제대로 되지 않은 아이들을 열등반에 넣어서는 안 된다. 열등반에 속한다는 사실 자체가 아이들에게는 오명이며, 그 아이는 친구들로부터 언제나 놀림을 당하게 된다.

그런 아이들을 돌보는 좋은 방법은 개별지도 교사를 붙이는 것이다. 개별지도 교사 외에, 그 아이들이 드나들며 추가로 지도를 받을 수 있는 클럽도 있어야 한다. 클럽에서 아이들은 숙제도 하고, 게임도 하고, 책도 읽을 것이다. 이런 식으로 손길을 베풀면 아이들은 낙담하여 공부를 하지 않는 것이 아니라 용기를 얻으며 공부를 더 열심히 하게 될 것이다. 이 아이들이 열등반에 가면 절망밖에 특별히 느낄 게 뭐가 있겠는가. 그런 클럽이 운동장에서 활동할 기회를 제공할 때, 아이들은 거리를 배회하지 않게 될 것이며 나쁜 영향으로부터도 보호를 받게 될 것이다.

남녀 공학 문제도 교육적 관행과 관련해 끊임없이 논의되고 있는 주제이다. 남녀 공학에 대해서라면, 원칙적으로는 그 관행을 확대해야 한다고 말할 수 있을 것이다. 소녀들과 소년들이 서로를 더 잘 알 수 있는 좋은 길이니까 말이다. 그러나 남녀 공학에 대해 말하면서 그 제도가 그냥 가만 내버려둬도 잘 돌아갈 것이라고 생각한다면, 그건 큰 오산이다. 남녀 공학은 특별히 고려해야 할 문제들을 수반한다. 그런 고려가 없다면, 남녀 공학에 따른 피해가 혜택을 능가할 것이다. 예를 들면, 사람들이 일반적으로 간과하는 사실이 하나 있다. 소녀들이 16세까지 소년들보다 훨씬 더 빨리 발달한다는 사실이다. 만약 소년들이 이 같은 사실을 깨닫지 못한 가운데 소녀들이 자기들보다 앞서 나가는 것을 본다면, 소년들은 균형감각을 잃고 소녀들과 무의미한 경쟁을 벌이게 될 것이다. 교육 당국뿐만 아니라 학급의 선생도 이 같은 사실을 반드시 고려해야 한다.

남녀 공학을 좋아하고 또 거기에 수반되는 문제들을 이해하는 선생은 남녀 공학을 성공적으로 이끌 것이다. 그러나 남녀 공학을 좋아하지 않는 선생은 그 제도 자체에 부담을 느낄 것이며, 그의 학급 안에서는 남녀 공학이 실패하고 말 것이다.

만약 남녀 공학을 제대로 관리하지 않고 또 아이들을 적절히 지도하지 않는다면, 당연히 성 문제가 일어나게 되어 있다. 이 문제에 대해서는 다음 장에서 논의할 것이다. 여기서는 학교에서의 성교육은 복잡한 문제를 야기한다는 점을 지적하고 넘어갈 것이다. 사실 학교는 성 문제에 관한 교육을 하기에 적절한 장소가 아니다. 왜냐하면 선생 본인부터 전체 학급 앞에서 성 문제에 대해 언급할 때 아이들이 자신의 말을 어떤 식으로 받아들일 것인지를 잘 알지 못하기 때문이다. 아이들이 선생에게 개인적으로 정보를 요구하는 것은 이와 다른 문제이다. 소녀가 선생에게 필요한 정보를 요구해 오면, 선생은 소녀의 물음에 제대로 대답해 줘야 한다.

교육의 관리적인 측면을 돌아보는 것은 이 정도 선에서 끝내고 문제의 핵심으로 돌아가도록 하자. 아이들의 관심사를 놓고 상담을 하고 아이들이 성공적인 결과를 얻는 과목들이 어떤 것인지를 찾아냄으로써, 우리는 언제든 아이들을 교육시키는 방법을 찾아낼 수 있다. 세상에는 성공처럼 성공하는 것은 없다. 다시 말하면, 성공이 성공을 부른다는 뜻이다. 인간사의 다른 측면에서와 마찬가지로 교육에도 진리로 통하는 말이다. 한 가지 과목에 관심을 갖고 성공을 거두게 된 아이는 그 성공에 자극을 받아 다른 과목으로 관심의 폭을 넓히게 된다는 뜻이다.

학생의 성공을 보다 큰 지식을 추구하기 위한 디딤돌로 활용하는 것은 순전히 선생에게 달려 있다. 학생 혼자서는 그렇게 하는 방법을 알지 못한다. 우리 모두가 무지의 단계에서 지식의 단계로 도약할 때 그렇듯이, 당연히 아이도 스스로의 힘으로 노력을 펼 수 있어야 한다. 그러나 아이들은 아직 그 방법을 모르고 있다. 선생은 그런 아이가 스스로 노력하도록 유도할 수 있다. 그래서 아이와 선생 사이에 협력 관계를 형성하는 것이 아주 중요한 것이다.

아이가 관심을 쏟는 과목에 대해 논의한 내용은 아이들의 감각기관에도 그대로 적용된다. 아이가 어느 감각기관을 가장 익숙하게 이용하는지, 어떤 종류의 감각에 끌리는지를 파악해야 한다. 보고 살피는 훈련이 더 잘된 아이가 있는가 하면, 듣기 훈련이 잘 되어 있는 아이도 있다. 또 운동에 뛰어난 아이도 있다. 최근에 소위 말하는 공작 학교가 인기를 끌고 있다. 이 학교들은 눈과 귀와 손의 훈련과 교과과목을 서로 결합시킨다는 건전한 원칙을 적용하고 있다. 이 학교들의 성공은 아이가 육체에 관심을 갖게 하는 것이 아주 중요하다는 점을 보여주고 있다.

어떤 아이가 시각적 유형인 것으로 확인되면, 선생은 그 아이가 눈을 이용하는 과목, 예를 들면 지리 과목을 더 쉽게 배울 것이라는 점을 이해해야 한다. 이 아이에게는 강의를 듣는 것보다 보는 것이 훨씬 더 즐거울 것이다. 이는 선생이 아이들 각자의 문제들을 파악하기 위해 통찰력을 어느 선까지 향상시켜야 하는지를 보여주는 예이다. 선생은 아이를 처음 보는 순간에 많은 정보를 얻을 수 있도록 통찰력을 크게 키워야 한다.

요약하면, 이상적인 선생은 매력적이고 성스럽기까지 한 어떤 임무를 지고 있다. 선생은 아이들의 마음을 조각하며, 인류의 미래는 선생의 손에 달려 있다.

심리 상담

하지만 이상을 어떻게 현실로 담아낼 것인가? 교육적 이상을 상상하는 것만으로는 절대로 충분하지 않다. 이상을 현실로 구현할 수 있는 방법을 찾아내야 한다. 오래 전에 빈에서 나는 그런 방법을 찾으려고 노력한 적이 있다. 그 결과, 학교 안에 상담실을 설립하게 되었다.

이 상담실의 목적은 현대 심리학의 지식을 교육제도와 접목시키는 것이다. 심리학뿐만 아니라 부모와 선생의 삶까지 잘 이해하는 유능한 심리학자가 교사들과 함께 정해진 날에 상담실을 열게 되어 있다. 상담소를 여는 날, 선생들은 회의를 개최한다. 이 자리에서 선생들은 각자의 학급에 있는 문제 아이들의 사례를 발표한다. 게으른 아이의 예도 있고, 학급을 방해하는 아이의 예도 있고, 남의 물건을 훔치는 아이의 예도 있다. 선생이 구체적인 사례들을 묘사하면, 심리학자가 자신의 경험을 밝힌다. 그런 다음에 논의가 시작된다. 원인은 무엇인가? 언제 그런 상황이 시작되었는가? 해결책은 무엇인가? 이어 아이의 가족생활과 아이의 심리 발달이 분석된다. 선생과 심리학자는 서로의 지식을 바탕으로 각 문제 아이에게 적절한 해결책을 끌어낸다.

뒤이은 상담 시간에는 아이와 어머니가 참석한다. 엄마를 어떤 식으로 다룰 것인지를 결정한 뒤, 엄마부터 먼저 상담실로 들어오게 한다. 엄마는 아이가 학교생활을 제대로 해내지 못하는 이유에 대한 설명을 듣는다. 그런 다음에 자신의 의견을 개진한다. 이제 엄마와 심리학자 사이에 논의가 시작된다. 대체로 보면 엄마는 이 모든 노력을 자기 아이에 대한 관심으로 받아들이며 행복해 한다. 그렇기 때문에 협력적으로 나온다. 만약 엄마가 비우호적이거나 적대적인 모습을 보인다면, 선생이나 심리학자는 엄마의 저항이 극복될 때까지 비슷한 다른 아이들과 엄마들에 대한 이야기를 한다.

그리하여 아이에게 영향을 미칠 방법이 결정되면, 아이가 상담실로 들어온다. 아이는 거기서 선생과 심리학자를 만난다. 그러면 심리학자는 아이의 실수에 대해서는 아무 말을 하지 않고 오직 아이에 대해서만 이야기한다. 심리학자는 문제와 원인, 그리고 실패를 부르는 생각들을 객관적으로 분석하면서 강의하듯 말한다. 그러나 어디까지나 아이가 이해할 수 있도록 쉬운 언어를 쓴다. 그러면서 아이에게 박탈감을 느끼게 되고 성공을 단념하게 되는 이유, 다른 아이들이 사랑을 더 많이 받는 이유 등을 제시한다.

이 방법은 거의 15년 동안 이어지고 있으며, 이 활동을 통해 훈련을 받은 선생들은 매우 행복해 하며 4년, 6년, 8년씩 해 오던 작업을 포기할 생각을 조금도 하지 않는다.

아이들은 이 노력을 통해서 이중의 혜택을 입고 있다. 원래 문제아였던 아이들은 온전한 모습을 되찾는다. 그들은 협동정신과 용기를 배운다. 상담실로 불려오지 않았던 다른 아이들도 또한 혜택을 받는다. 학급에서 문제가 될 수 있는 어떤 상황이 벌어질 때, 선생은 아이들에게 회의를 제안할 것이다. 물론 이때는 선생이 토론을 주도한다. 그러나 아이들도 참가하여 자신을 표현할 기회를 충분히 누린다. 아이들은 어떤 문제, 예를 들면 교실에 나타나는 게으름의 원인을 분석하기 시작한다. 마지막에 아이들은 어떤 결론에 이를 것이다. 게으르게 구는 아이 본인도 그 토론을 통해서 많은 것을 배울 것이다.

이 경험은 심리학과 교육의 융합을 통해서 성취할 수 있는 것이 아주 많다는 점을 암시하고 있다. 심리학과 교육은 똑같은 현실과 똑같은 문제의 두 양상에 불과하다. 마음을 지도하기 위해선 그 마음이 어떤 식으로 움직이는지를 알 필요가 있다. 마음과 그 마음이 작동하는 이치를 아는 사람은 마음이 보다 높고 보편적인 목표를 향하도록 이끄는 데 그 지식을 이용하지 않을 수 없게 될 것이다.

11장
외부 영향

개인 심리학의 심리학적 및 교육적 견해는 "외부 영향"을 무시하지
않을 만큼 넓다. 옛날의 내성 심리학은 지나치게 편협했다. 그래서
빌헬름 분트(Wilhelm Wundt)는 내성 심리학이 배제하는 사실들을
고려하기 위해 별도로 사회 심리학이라는 학문이 필요하다는 것을
깨달았다. 개인 심리학의 경우에는 그럴 필요가 전혀 없다. 개인 심
리학이면서 동시에 사회 심리학이기 때문이다. 개인 심리학은 마음
을 자극하는 환경을 배제하면서 개인의 마음에만 집중하지 않는다.
또 환경이 개인의 마음에 미치는 영향을 배제하면서 환경에만 집중
하지도 않는다.

　어떠한 교육자나 선생도 자신이 아이의 유일한 교육자라고 믿어
서는 안 된다. 외부 영향의 물결이 아이들의 정신 속으로 끊임없이
밀려와 아이들을 직접적으로나 간접적으로 형성시킨다. 말하자면

외부 상황이 부모에게 영향을 미쳐 부모의 마음을 어떤 상태로 만들어 놓고, 그러면 부모의 마음 상태가 아이들에게 영향을 미치는 것이다. 이 영향을 피하는 것은 불가능하다. 그러기에 아이의 교육과 관련해서는 외부 영향까지 반드시 고려해야 한다.

가장 먼저, 교육자는 아이의 경제적 사정을 고려해야 한다. 예를 들어, 세대를 내려오면서 매우 빈곤한 환경에서 살고 있는 가족이 있다는 사실을 기억해야 한다. 슬픔과 절망 속에서 삶과 투쟁을 벌이고 있는 그런 가족들이 있는 것이다. 이 가족들은 슬픔과 절망에 갇혀 지내기 때문에 아이들이 건강하고 협동적인 태도를 배우도록 교육시킬 여유가 없다. 그들은 인간 정신의 극한 상황에서 살고 있다. 그런 상황에서는 어떠한 인간도 협동적인 태도를 취하지 못한다. 언제나 공황 상태에서 살게 되기 때문이다.

또 오랫동안 이어진 반(半) 기아 상태나 열악한 경제 상황이 부모와 아이의 육체적 삶에 영향을 미치며, 이 육체적 영향이 심리에 엄청난 흔적을 남긴다는 사실도 잊지 말아야 한다. 제1차 세계대전 이후 유럽에서 태어난 아이들에게서 이 영향이 목격된다. 전후에 태어난 세대는 그 전 세대에 비해 성장하면서 훨씬 더 큰 어려움을 극복해야 했다. 경제적 상황과 그것이 아이들의 발달에 미치는 영향 외에, 육체적 위생에 대한 부모의 무지가 아이의 심리에 미치는 영향도 고려해야 한다. 이 무지는 언제나 아이를 나약하게 기르는 태도와 함께 나타난다. 부모들은 아이들의 응석을 다 들어주려 하고 아이에게 조금의 고통이라도 안겨주게 될까 걱정한다.

부모들이 아이 문제에 소홀할 때가 간혹 있다. 예를 들어 척추측만증이 있어도 시간이 지나면 낫겠지 하고 생각하면서 그냥 넘어가기도 한다. 부모들이 의사를 제때에 찾지 않는 것이다. 물론 이건 잘못이다. 나쁜 육체적 조건은 제때에 치료하지 않으면 심각한 병으로 발전할 수 있다. 그렇게 되면 심리적 상처가 불가피해질 것이다. 모든 병은 언제나 심리학적으로 위험한 궁지이며 따라서 가능한 한 피해야 한다.

만약 위험한 궁지를 피하는 것이 불가능하다면, 아이의 내면에 용기와 사회적 마인드를 발달시켜 그 궁지를 최대한 덜 위험하게 만들어야 한다. 실제로 보면, 질병으로 인해 심리적 상처를 받는 아이들은 사회적 마인드를 제대로 갖추지 못한 아이들이다. 자신을 전체의 일부로 느끼게 만드는 그런 환경에서 자란 아이는 위험한 병의 영향을 응석받이로 큰 아이만큼 심하게 받지 않는다.

독감이나 뇌염, 무도병 등을 앓은 뒤에 심리적 문제가 시작되는 예가 종종 보고된다. 그러면 심리적 문제의 원인이 쉽게 이 병인 것으로 여겨진다. 그러나 병은 아이의 내면에 숨겨져 있던 성격적 결함이 밖으로 드러나게 만든 사건에 지나지 않는다. 병을 앓는 동안에, 아이는 자신의 파워를 느끼고 동시에 자신이 가족을 지배할 수 있다는 사실을 발견한다. 아이는 누워 지내는 동안에 부모의 얼굴에서 공포와 불안의 표정을 보면서 모든 것이 바로 자기 때문이라는 사실을 알게 된다. 병이 나은 뒤에도 아이는 계속 관심의 중심에 서길 원하며, 따라서 변덕과 요구사항으로 부모를 지배하려는 노력을 통해 그 목적을 이룬다. 물론 이런 일은 사회적으로 훈련이 제대로 되지 않은 아이에게만 일어난다.

그런 한편, 병이 아이의 성격이 향상되는 계기가 되는 예도 있어 관심을 끈다. 어느 선생의 둘째 아이가 바로 그런 예이다. 이 선생은 아들 때문에 걱정이 많았다. 아이를 어떻게 해야 할지 몰라 전전긍긍했다. 아이는 수시로 가출을 했으며, 언제나 자기 학급에서 최악의 아이였다. 그러던 어느 날, 아버지가 막 아이를 소년원에 보내려던 참에 소년이 결핵에 걸려 힘들어 하고 있다는 사실이 드러났다. 결핵은 장기간에 걸쳐 부모의 보살핌을 요구하는 병이다. 그런데 소년은 병에서 회복하자마자 가족 안에서 가장 훌륭한 아이가 되어 있었다. 소년이 필요로 했던 것은 부모의 추가적인 관심뿐이었는데, 엉뚱하게도 병이 부모가 그 아이에게 그런 관심을 쏟도록 한 것이다. 그 전에 소년이 반항적이었던 것은 언제나 똑똑한 형의 그늘에 가려져 있다는 느낌을 받았기 때문이다. 아이는 자기 형처럼 좋은 평가를 받을 수 없었기에 언제나 싸움을 하려 들었다. 그러나 병을 앓으면서 아이는 자신도 자기 형과 똑같이 부모로부터 평가를 제대로 받을 수 있다는 사실을 확인했으며 그 결과 훌륭하게 처신하는 방법을 배우게 되었다.

질병에 관해서라면, 아이들의 마음이 병에 대한 기억을 깊이 새기게 된다는 사실을 간과해서는 안 된다. 아이들은 위험한 병과 죽음 같은 것이 있을 수 있다는 사실에 놀라고 충격을 받는다. 이때 아이들의 마음에 남은 흔적이 훗날 나타나기도 한다. 실제로 우리는 병과 죽음에만 관심을 쏟는 듯한 사람들을 자주 만난다. 이들 중 일부에게는 그런 관심이 지극히 당연하다. 의사나 간호사가 그런 예이다. 그러나 다른 많은 사람들은 언제나 병이나 죽음에 대한 생각에 떨고 있으며, 병은 그들의 유익한 활동을 방해하는 강박관념이 된다. 많은 소녀들의 글을 보면, 거의 50%가 가장 무서운 공포가 병과 죽음에 대한 생각이라고 고백하고 있다.

부모는 아이들이 어릴 적의 병에 지나치게 강한 인상을 받지 않도록 조심해야 한다. 아이들이 병이나 죽음을 제대로 받아들일 수 있도록 사전에 훈련시켜서 갑작스런 충격을 피하도록 도와줘야 한다. 부모는 아이들에게 인생이 유한한 것은 사실이지만 그래도 살아볼 가치가 충분할 만큼은 길다는 인상을 줄 수 있어야 한다.

이방인

어린 시절의 또 다른 위험한 공간은 이방인이나 가족의 지인 혹은 친구들을 만나는 자리이다. 이런 사람들과의 만남이 이뤄지는 곳에서 실수가 일어나는 이유는 이들이 아이에게 진정으로 관심을 두지 않기 때문이다. 이 사람들은 아이에게 듣기 좋은 소리를 하거나 짧은 시간에 영향을 강하게 미칠 수 있는 행동을 한다. 아이를 극도로 칭찬하여 자만심을 품도록 만들기도 한다. 짧은 시간 동안 아이와 함께 있으면서 응석을 다 받아줌으로써 아이를 장기적으로 교육시키는 사람에게 문제를 안겨주기도 한다. 이 모든 것은 피해야 한다. 어떠한 이방인도 부모의 교육 방법을 방해해서는 안 된다.

다시 말하지만, 이방인들은 아이가 남자인지 여자인지를 잘 모르며 남자 아이를 보고 "예쁜 소녀"라고 부르기도 한다. 그 반대 역시 마찬가지이다. 이런 일도 당연히 피해야 한다. 그 이유는 사춘기에 대해 논하는 장에서 제시될 것이다.

가족의 환경

가족의 전반적인 환경도 당연히 중요하다. 이 환경이 가족이 사회생활에 참여하고 있는 범위를 아이에게 암시하기 때문이다. 달리 말하면, 가족의 환경이 협동에 관한 첫인상을 아이에게 준다. 고립된 가족 안에서 성장한 아이들은 가족 구성원과 외부 사람을 엄격히 구분한다. 그런 아이들은 가정과 외부 세계 사이에 깊은 수렁 같은 것이 있는 것처럼 느낀다. 물론 아이는 외부 세계를 적대적인 시각으로 보게 된다. 고립된 가족생활은 사회적 관계를 촉진시키지 못하고, 아이들이 언제나 의심을 품게 만들고 자신의 이익만을 추구하도록 만든다. 이런 식으로 사회적인 마인드의 발달 자체를 훼손시키게 된다.

세 살이 되면 아이는 다른 아이들과 함께 놀 준비가 되어 있어야 하고, 이방인 앞에서도 놀라지 말아야 한다. 이런 준비가 제대로 되지 않으면, 아이는 훗날 낯선 사람들 앞에서 얼굴을 붉히고 자의식이 강해지며 적대적인 태도를 보이게 될 것이다. 대체로 보면 응석받이로 큰 아이들 사이에 이런 특징이 자주 발견된다. 이런 아이들은 언제나 타인을 배제하길 원한다.

부모가 일찍부터 아이의 이런 성격적 특질을 바로잡으려 노력한다면, 아이는 훗날 큰 문제를 겪지 않을 것이다. 아이가 첫 3, 4년 동안 훌륭한 양육을 거치게 되면, 말하자면 다른 아이들과 함께 어울려 잘 노는 법을 배우고 협동의 정신에서 힘을 합하는 법을 배우게 되면, 그 아이는 훗날 수줍음과 이기심뿐만 아니라 신경증이나 정신적 문제로부터도 자유로워질 것이다. 정신병과 신경증은 주로 고립된 상태로 살거나 타인들에게 관심이 없거나 협동의 버릇을 들이지 못한 사람들에게 나타난다.

가족 환경에 대해 논하는 장에서, 경제적 환경의 변화에 따른 어려움에 대해 언급하지 않을 수 없다. 만약 어떤 가족이 한때, 특히 아이가 어릴 때 부자였다가 돈을 다 날리게 된다면, 그건 분명 아주 힘든 상황이다. 그런 상황은 응석받이로 자란 아이에게 아주 힘들다. 그 아이가 자신이 많은 관심을 끌지 못하는 상황에 제대로 준비가 되어 있지 않기 때문이다. 아이는 과거의 영화를 아쉬워하며 현실에 대해 불평을 늘어놓을 것이다.

어떤 가족이 갑자기 부자가 될 때에도, 마찬가지로 아이의 양육에 어려움이 생긴다. 이 경우에는 부모들이 부를 적절히 사용할 준비가 되어 있지 않다. 그런 까닭에 부모들이 특히 자식들의 문제에서 실수를 잘 저지르게 된다. 그 부모들은 아이들이 멋지게 살기를 바라면서 아이가 요구하는 것이면 무엇이든 다 들어주길 원한다. 아껴야 할 이유가 전혀 없다고 느끼기 때문이다. 그 결과 새롭게 부자가 된 가족의 아이들 중에서 문제 아이들이 많이 나오고 있다. 새로 부자가 된 아버지의 아들은 이런 유형의 문제아로 악명이 높다.

만약 아이가 제대로 협동하도록 훈련을 받았다면, 그런 어려움과 재앙까지도 피할 수 있다. 이 모든 상황은 항상 열려 있는 문과 비슷하다. 이 문을 통해서 아이는 협동에 필요한 훈련을 피할 수 있다. 그렇기 때문에 우리 어른들은 열린 문을 특별히 잘 감시해야 한다.

심리적 환경

아이들은 가난과 갑작스런 부의 성취 같은 물질적 환경에 일어나는 비정상적인 영향만 받는 것이 아니다. 심리적 환경에 일어나는 비정상적인 영향도 마찬가지로 받는다. 가족 상황에서 비롯되는 심리적 편견을 염두에 두고 하는 말이다. 이 편견들은 개인의 행동에서 비롯될 수도 있다. 그런 행동의 예를 들자면, 엄마나 아버지가 사회적으로 불미스런 짓을 하는 경우가 있다. 그런 경우에 아이의 마음은 상처를 대단히 심하게 받는다. 그 아이는 공포와 혼란 속에서 미래를 직면할 것이다. 아이는 주변으로부터 자신을 숨기기를 원할 것이고, 그런 부모의 자식이라는 사실이 발각될까 두려워하게 된다.

부모는 아이에게 읽기와 쓰기, 산수 교육을 시키는 책임뿐만 아니라 별다른 어려움을 겪지 않고 발달할 심리적 바탕까지 제공하는 책임을 져야 한다. 따라서 만약에 아버지가 술주정꾼이거나 성질이 사나운 사람이라면, 그는 자신의 모든 행동이 아이에게 영향을 미친다는 사실을 기억해야 한다. 결혼생활이 불행하여 남편과 아내가 끊임없이 말다툼을 한다면, 그 불화에 대한 대가를 지급하는 존재는 바로 애꿎은 아이이다.

어린 시절의 이런 경험들은 마치 아이의 영혼에 조각처럼 새겨진다. 아이는 그 경험들을 쉽게 잊지 못한다. 만약 협동 정신을 키울 훈련을 받은 아이라면 그 영향을 어느 정도 지울 수 있을 것이다. 그러나 아이에게 이런 시련을 안겨 준 상황 자체가 아이가 부모로부터 그런 훈련을 받을 기회를 차단해 버린다. 최근에 학교에 아이들을 위한 상담실을 조직하려는 운동이 전개된 이유도 바로 거기에 있다. 만약 부모가 이런저런 이유로 임무를 다 수행하지 못하게 된다면, 심리학적으로 훈련이 잘 된 선생이 그 임무를 대신 떠안고 아이를 건강한 삶으로 안내해야 한다.

개인적인 상황에서 비롯되는 편견 외에, 국적이나 인종, 종교 때문에 생기는 편견도 있다. 이런 편견은 당하는 입장에 있는 아이에게만 영향을 미치는 것이 아니라 편견을 행동으로 행사하는 공격적인 아이 본인에게도 영향을 미친다는 사실에 주목해야 한다. 편견을 보이는 공격적인 아이는 더욱 거만해지고 허영심을 키우게 된다. 이 아이들은 자신이 특권 집단에 속한다고 믿는다. 부정적인 편견으로 남을 공격하는 아이들이 스스로 자신이 세운 특권에 맞춰 살려고 노력할 때, 그 아이들은 실패자로 전락하고 만다.

전쟁의 근본적인 원인은 당연히 국가와 인종 사이의 편견이다. 인류의 진보와 문화를 구원하려면, 인류가 먼저 이 저주에서 벗어나야 한다. 선생의 임무는 아이들에게 전쟁의 속살을 그대로 보여주는 것이다. 아이에게 총이나 칼을 갖고 놀면서 우월 욕구를 표현할 기회를 주는 것은 선생의 임무가 아니다. 이는 교양 있는 삶을 준비하는 적절한 방법이 아니다. 어린 시절에 군대 교육을 받은 결과 군대에 가는 소년들이 많다. 그러나 군대에 입대하는 소년들 외에도, 어린 시절에 전쟁놀이를 한 결과 인생을 심리적으로 불완전한 상태로 사는 사람들이 백배나 더 많다. 그들은 언제나 전사처럼, 말하자면 시비를 거는 듯한 태도로 인생을 살아간다. 그들은 동료들과 친하게 지내는 기술을 배운 적이 한 번도 없다.

크리스마스를 비롯하여 아이들에게 선물을 사 줄 때가 되면, 부모들은 아이들의 손에 쥐어줄 장난감이나 게임의 유형에 신경을 많이 써야 한다. 영웅을 숭배하거나 전투 행위를 미화한 책들은 물론이고 무기와 전쟁 게임도 아이에게 사주지 말아야 한다.

적절한 장난감의 선택에 대해서도 많은 이야기가 가능하다. 그러나 원칙은 아이가 협동적이고 건설적인 행위를 하도록 자극하는 유형의 장난감을 선택해야 한다는 것이다. 아이가 무엇인가를 만들어낼 수 있는 놀이가 기왕에 만들어진 장난감보다 훨씬 더 유익하다는 사실은 쉽게 이해가 될 것이다. 아이가 단순히 사람 인형이나 강아지 인형을 끌어안고 놀게 하는 것보다 직접 참여하도록 하는 놀이가 바람직하다. 동물에 대해 말하자면, 아이들에게 동물을 장난감이나 놀이가 아니라 인간의 동료로 다루도록 가르쳐야 한다. 아이는 동물을 두려워해서도 안 되고, 동물을 지배하려 해서도 안 되고, 동물을 잔인하게 다뤄서도 안 된다. 아이가 동물에게 잔인한 면을 보일 때마다, 어른들은 그런 아이의 내면에 자기보다 약한 사람들을 지배하거나 괴롭히려는 욕구가 있는 것은 아닌지 의심해야 한다. 집에 새나 강아지, 고양이 같은 동물이 있다면, 아이들에게 그 동물들을 살아 있는 존재로 여기도록 가르쳐야 한다. 동물도 인간과 마찬가지로 아픔을 느끼는 존재라는 식으로 말이다. 동물과의 사이에 적절한 동료애를 느끼는 것은 아마 인간과의 사회적 협력을 준비하는 단계로 여겨질 수 있을 것이다.

친척들의 역할

아이들의 환경 안에는 언제나 친척들이 있다. 먼저 조부모가 있다. 조부모의 어려운 상황을 냉정하게 고려해야 한다. 우리 문화에서 조부모가 차지하는 위치는 비참하다. 사람들은 나이가 들면서 스스로를 확장할 수 있는 공간을 가져야 하고 일과 관심사를 더 많이 가질 수 있어야 한다. 그러나 우리 사회에서는 이와 정반대의 일이 벌어지고 있다. 나이 든 사람들은 말하자면 구석으로 밀려나고 있다. 유감이 아닐 수 없다. 왜냐하면 나이 든 사람들이 일이나 노력할 기회를 갖게 될 때 많은 것을 성취할 수 있고 또 더 행복할 수 있기 때문이다. 60대나 70대, 80대들에게 일을 놓으라고 조언해서는 안 된다. 삶의 방식을 완전히 바꾸는 것보다 하던 일을 계속 수행하는 것이 훨씬 더 쉽다. 그러나 그릇된 사회적 관습 때문에 우리 사회는 늙은이들을 폐기처분하고 있다. 아직 왕성하게 활동할 수 있는 사람들을 말이다.

우리 사회는 노인들에게 자신을 지속적으로 표현할 기회를 전혀 주지 않는다. 그 결과 어떤 일이 벌어지고 있는가? 노인을 구석으로 몰아붙이다 보니 조부모를 별도로 방문해야 하고, 이 같은 잘못이 아이들에게 나쁜 영향을 미치고 있다. 오늘날 조부모들은 자신들이 세상에서 아직 중요한 존재라는 점을 입증해야 하는 입장에 놓여 있다. 그런 상황에서 조부모들은 언제나 손자들의 교육을 방해하고 있다. 조부모들은 아이들의 어리광을 모조리 다 받아준다. 이는 조부모들이 아직도 아이들을 키우는 법을 안다는 사실을 증명하려는 노력 치고는 재앙에 가까운 방법이다.

이처럼 선의를 가진 노인들의 감정을 가급적 해치지 말아야 한다. 그러나 노인들에게 보다 적극적으로 활동할 기회를 주되, 동시에 그들에게 아이들은 독립적인 인간 존재로 성장해야 하며 다른 사람의 노리개가 되어서는 안 된다는 점을 가르쳐야 한다. 아이들이 가족 내의 힘의 정치에 악용되어서는 안 된다. 만약 조부모와 부모 사이에 언쟁이 벌어지게 된다면, 조부모가 언쟁에서 이기거나 지도록 그냥 내버려 두라. 하지만 조부모가 아이들을 자기편으로 끌어들이도록 내버려 두지는 않도록 하라.

심리적 환자들의 삶을 깊이 들여다보면, 할아버지와 할머니의 총애를 받은 사람들이 아주 많다는 사실이 확인될 것이다. 그런 경우 우리는 환자가 어린 시절에 겪은 어려움이 부분적으로 조부모의 부정적 역할 때문이었다는 사실을 쉽게 이해할 수 있다. 조부모의 총애는 곧 응석을 받아준다는 것을 의미하거나 아니면 다른 아이들에게 경쟁의식이나 질투심을 느끼게 한다는 것을 의미한다. 또 많은 아이들은 "난 할아버지의 사랑을 듬뿍 받았는데"라고 생각하며 다른 사람들로부터 총애를 받지 못할 때 마음의 상처를 입는다.

아이의 성장에 중요한 역할을 하는 다른 친척들 중에 "똑똑한 사촌"도 포함된다. "똑똑한 사촌"은 아이에게 아주 귀찮은 존재가 될 수 있다. 간혹 사촌은 똑똑할 뿐만 아니라 예쁘기도 하다. 아이에게 똑똑하거나 예쁜 사촌이 있다는 사실을 상기시킬 때마다 어떤 문제가 일어나는지, 누구나 쉽게 짐작할 수 있다. 만약에 용기 있고 사회적 마인드를 가진 아이라면, 그 아이는 똑똑하다는 것은 단지 훈련을 더 많이 했다는 것을 의미할 뿐이라고 이해할 것이다. 그러면서 아이는 똑똑한 사촌을 따라잡을 길을 찾을 것이다. 그러나 만약에 아이가 대부분의 아이들처럼 똑똑한 것이 자연의 축복이라고, 말하자면 똑똑한 사람들은 똑똑한 사람으로 태어난다고 믿게 된다면, 아이는 열등감을 느끼고 또 운명을 잘못 타고났다는 식으로 느낄 것이다. 따라서 아이의 전체 발달은 지체될 것이다.

아름다움에 대해 말하자면, 이는 틀림없이 자연의 선물인데도 우리 문화에서 끊임없이 과대하게 평가를 받고 있다. 아름다운 것은 원래 그런 것인데도 아이에게는 아름다운 사촌이 있다는 생각 자체가 고통으로 느껴질 수 있다. 그 결과 아이의 라이프스타일이 비뚤어질 수도 있다는 사실을 어른들은 명심해야 한다. 일부 사람들은 20년이 지난 뒤에까지도 어린 시절에 예쁜 사촌에 대해 품었던 질투심을 그대로 느끼기도 한다.

아름다움에 대한 숭배에 따른 폐해를 예방하는 유일한 길은 아이가 친구들과 어울릴 줄 아는 능력을 키우도록 돕고 건강이 아름다움보다 훨씬 더 중요하다는 진리를 깨닫도록 하는 것이다. 아름다움이 소중하다는 사실을 반박하는 것은 불가능하다. 또 못생긴 친척을 두는 것보다 잘생긴 친척을 두는 것이 더 바람직하다는 사실을 반박하는 것도 불가능하다. 그러나 어떤 합리적인 계획에서도 한 가지 가치가 나머지 가치들과 동떨어져 존재할 수 없으며 또한 한 가지 가치가 지고의 목표로 떠받들어질 수도 없다. 아름다움도 마찬가지이다. 아름다움만으로는 합리적이고 선한 삶을 추구할 수 없다는 것은 범죄자들 중에 꽤 못생긴 사람들뿐만 아니라 꽤 잘생긴 사람들도 발견된다는 사실로 뒷받침된다. 잘생긴 소년들이 어떤 식으로 범죄자로 전락하게 되는지를 우리는 잘 알고 있다. 그런 소년들은 자신이 잘생겼다는 것을 알고 있었으며 따라서 모든 일이 술술 잘 풀릴 것이라고 생각했다. 당연히 그들은 삶에 대한 준비를 적절히 하지 못했다. 그러나 훗날 그들은 노력을 하지 않고는 자신의 문제를 해결하지 못한다는 사실을 깨달았다. 따라서 그들은 저항이 가장 약한 길을 택했다. 시인 베르길리우스가 노래하듯이, "지옥으로 내려가는 길은 아주 편안하다".

아이들의 독서

어린이들의 읽을거리에 대해서도 언급하지 않을 수 없다. 아이들에게 어떤 종류의 책을 쥐어줘야 하는가? 동화는 어떻게 읽혀야 하는가? 성경 같은 책은 또 어떻게 읽어줘야 하는가? 여기서 아이들은 어른과 완전히 다른 방식으로 사물들을 이해한다는 사실이 간과되고 있다는 점을 지적해야 한다. 우리 어른들은 또 아이가 자신의 관심사를 바탕으로 사물들을 파악한다는 사실도 간과한다. 만약에 소심한 아이라면, 그 아이는 성경과 동화에서 자신의 소심함을 정당한 특성으로 뒷받침하고 또 언제나 공포를 느끼게 만들 그런 이야기들을 발견할 것이다. 어른이 아이에게 동화와 성경의 구절에 대해 해석도 해주고 논평도 해줘야 한다. 그렇게 하면 아이는 자신의 주관적 공상이 제시하는 의미가 아닌 진짜 의미를 파악하게 될 것이다.

물론 동화는 재미있는 독서이다. 어른들도 동화를 읽으며 무엇인가를 얻는다. 그러나 동화의 내용을 바로잡아주려는 노력이 필요하다는 점도 강조되어야 한다. 동화의 시대적 배경과 장소가 현실과 아주 동떨어지기 때문이다. 아이들은 시대의 차이와 문화의 차이를 좀처럼 이해하지 못한다. 아이들은 완전히 다른 시대에 쓰인 동화를 읽으면서도 그 차이를 파악하지 못한다. 동화에는 언제나 왕이 있으며, 이 왕은 늘 칭송의 소리를 듣고 또 미화되며 성격도 매우 매력적인 쪽으로 제시된다. 물론 동화에 묘사된 상황은 현실에 절대로 존재하지 않았으며 왕을 숭배할 필요가 있었던 시대에나 이상으로 통할 것을 허구로 그린 것에 지나지 않는다. 아이들에게 바로 그런 사실들에 대해 말해줘야 한다. 마술의 뒤에 숨어 있는 속임수에 대해서도 말해줘야 한다. 그렇게 하지 않으면 아이들은 곤경에서 빠져나올 수 있는 쉬운 길을 기대하면서 성장할 것이다.

동화는 어른의 적절한 논평이 따를 때에는 아이들이 시야를 넓히도록 도울 뿐만 아니라 협동심까지 배양하도록 할 것이다. 영화에 대해 말하자면, 한 살짜리 아이에게 영화를 보이는 것에는 아무런 위험이 없을 것이다. 그러나 그보다 나이가 많은 아이들은 언제나 영화를 잘못 이해할 것이다. 아이들은 연극마저도 종종 오해한다. 예를 들어 보자. 네 살짜리 아이가 극장에서 동화를 바탕으로 꾸민 연극을 보았다. 몇 년 뒤에까지도 그 아이는 독이 묻은 사과를 파는 여자들이 세상에 있다고 믿었다. 많은 아이들은 주제를 제대로 이해하지 못하거나 너무 쉽게 일반화해버린다. 아이가 주제를 제대로 이해할 수 있을 때까지 쉽게 설명해주는 것은 부모의 몫이다.

신문을 읽는 것도 아이가 피하도록 해야 할 외부 영향이다. 신문은 기본적으로 성인을 위해 만들어지며 아이의 관점을 전혀 반영하지 않는다. 물론 어린이 신문은 아이들에게 유익하다. 그러나 보통의 신문이라면 준비가 제대로 되어 있지 않은 아이에게 왜곡된 현실의 모습을 보여줄 수 있다. 아이는 신문을 통해서 세상이 온통 살인과 범죄, 사고뿐이라고 믿게 된다. 사건 기사들이 아이들을 특히 더 우울하게 만든다. 어른들과의 상담을 통해서도 그들이 어쩌다 어린 시절에 화재를 극도로 무서워하게 되었는지, 그 공포가 어떤 식으로 그들의 마음을 지배하게 되었는지를 엿보게 하는 이야기들을 많이 들을 수 있다.

지금까지 제시한 예들도 부모와 교육자가 아이들의 교육에서 고려해야 할 외부 영향 중 극히 일부일 뿐이다. 그러나 이 영향들이 가장 중요하고 또 외부 영향들이 작용하는 일반적인 원리를 아주 잘 보여주고 있다. 다시 말하지만, 개인 심리학은 "사회적 관심"과 "용기"라는 슬로건을 아주 중요하게 여긴다. 다른 문제에서와 마찬가지로, 여기서도 똑같은 슬로건이 그대로 유효하다.

12장
사춘기와 성교육

사춘기에 관한 책만 모아도 어지간한 크기의 도서관 하나는 채울 수 있을 것이다. 사춘기는 정말로 중요한 주제이다. 그러나 사춘기는 사람들이 일반적으로 상상하는 그런 의미에서 중요한 것이 아니다. 사춘기에 접어든 아이들은 저마다 다 다르다. 사춘기 아이들 중에서 온갖 부류의 아이들이 다 발견된다. 열심히 노력하는 아이도 있고, 서툰 아이도 있고, 말쑥하게 차려 입은 아이도 있고, 매우 지저분한 차림으로 돌아다니는 아이도 있다. 또한 어른들과 심지어 노인들 중에도 사춘기 아이처럼 차려입고 행동하는 사람들이 있다. 개인 심리학의 관점에서 보면, 이는 그리 놀라운 일이 아니다. 그것은 단지 어른들도 발달의 어떤 단계에서 성장을 멈출 수 있다는 것을 의미할 뿐이다.

개인 심리학의 관점에서 보면, 사춘기는 사실 모든 사람이 통과해야 하는 하나의 발달 단계에 지나지 않는다. 개인 심리학은 어떤 한 발달 단계나 상황이 사람을 변화시킬 수 있다고 믿지 않는다. 그러나 발달의 각 단계는 하나의 테스트 역할을 한다. 말하자면 그 전까지 발달한 성격의 진짜 모습을 드러내 보여줄 새로운 상황이 되는 것이다.

주의 깊게 관찰당하는 가운데 보낸 어린 시절을 예로 들어보자. 이런 식으로 어린 시절을 보낸 아이는 어릴 때 파워를 별로 행사하지 못했고 자신이 원하는 것조차 제대로 표현하지 못했을 것이다. 생물학적으로나 심리학적으로 발달이 급속도로 이뤄지는 사춘기에 이르면, 이 아이는 마치 자신을 감고 있던 쇠사슬이 끊어진 것처럼 행동할 것이다. 아주 빠른 속도로 앞으로 나아갈 것이며, 성격도 건전하게 발달시킬 것이다. 이런 아이가 있는 한편엔 멈칫하며 뒤를 돌아보기 시작하는 아이도 있을 것이다. 그런 아이들은 뒤를 돌아보느라 지금 올바른 길을 발견하지 못할 것이다. 그런 아이들은 삶에 대한 관심을 잃게 되고 말수가 적어질 것이다. 이는 억압된 어린 시절에 갇혀 있던 활력이 사춘기로 접어들면서 분출의 기회를 찾았다는 사실을 보여주는 신호가 아니라, 응석받이로 어린 시절을 지낸 탓에 삶에 대한 준비를 할 기회를 박탈당했다는 사실을 보여주는 신호이다.

사춘기에 접어든 아이들을 보면 라이프스타일이 그 전 어느 때보다 더 잘 읽힌다. 그 이유는 당연히 사춘기가 어린 시절보다 삶의 전선에 훨씬 더 가깝기 때문이다. 이제 과학을 대하는 아이의 태도가 더 선명하게 드러난다. 또 아이가 친구들을 쉽게 사귈 수 있을 것인지, 또 타인들에게 사회적으로 관심을 쏟는 그런 시민이 될 것인지도 더 분명하게 드러난다.

간혹 이 사회적 관심을 과장되게 표현하는 청년을 만난다. 균형감각을 잃고 오직 타인들을 위해서 자신의 삶을 희생시키려 드는 사춘기 청년들이 있는 것이다. 이 아이들은 사회적으로 지나치게 적응이 되어 있으며, 이것 또한 그들의 발달에 장애 요소가 될 것이다. 타인들에게 진정으로 관심을 기울이기를 원하고 또 공동의 대의를 위해 일하기를 원한다면, 그 사람은 먼저 자기 자신부터 돌볼 줄 알아야 한다. 만약 이 사람의 베풂이 어떤 의미라도 지니려면, 먼저 본인부터 베풀 것을 가져야 한다.

이들의 반대편에는 14세와 20세 사이에 사회적으로 완전히 길을 잃어버렸다고 느끼는 청년들이 있다. 또 14세에 학교를 떠난 이후로 옛 친구들과 접촉을 완전히 끊은 채 담을 쌓고 사는 청년들도 있다. 이 청년들이 새로운 끈을 형성하려면 아주 오랜 세월이 필요할 것이다. 그 사이에 그들은 완전히 고립되었다는 느낌을 받는다.

그런 다음에는 직업 문제가 있다. 여기서도 다시 그 사람이 사춘기를 지낸 모습이 고스란히 드러난다. 라이프스타일로 굳어진 태도가 나타나게 된다는 뜻이다. 매우 독립적으로 활동하며 눈부실 만큼 일을 잘하는 청년도 있다. 그들은 발달의 적절한 길을 밟고 있다는 사실을 보여줄 것이다. 그런가 하면 이 시기에 모든 것이 정지해버리는 그런 아이들도 있다. 그들은 적절한 직업을 찾지 못할 것이다. 그들은 언제나 뭔가를 바꾸고 있을 것이다. 직업을 바꾸기도 하고 학교를 바꾸기도 할 것이다. 그렇지 않으면 청년들은 게을러 일을 하고 싶어 하지 않을 수도 있다.

이 징후들 중에서 사춘기에 나타난 것은 하나도 없다. 그 전에 미리 준비되어 있다가 단지 사춘기에 표면에 더 가까이 튀어나왔을 뿐이다. 만약 어떤 아이를 진정으로 알고 있는 어른이 있다면, 그 사람은 아이가 자신을 보다 더 독립적으로 표현할 기회를 누리게 될 사춘기에 어떤 식으로 처신할 것인지를 예측할 수 있다.

사랑과 결혼

이제 인생의 또 다른 근본적인 문제를 돌아볼 것이다. 사랑과 결혼이다. 이 문제에 대한 사춘기 아이의 대답은 자신의 성격에 대해 어떤 이야기를 들려줄까? 다시 말하지만, 사춘기 이전 시기와의 단절은 절대로 있을 수 없다. 단지 아이의 심리 작용 때문에 아이의 대답이 그 전보다 더 두드러지게 드러날 뿐이다. 일부 사춘기 아이들은 어떤 식으로 처신해야 하는지를 확실히 알고 있다. 그들은 사랑의 문제에 낭만적으로 나오거나 용기를 크게 발휘할 것이다. 어떤 경우든 이런 아이들은 이성에 대해 옳은 행동을 발견할 것이다.

이와 반대편에 성 문제에 극도로 수줍어하는 아이들이 있다. 삶의 전선에 훨씬 더 가까이 다가선 지금, 이런 아이들은 말하자면 준비를 제대로 갖추지 못했음을 보여준다. 아이가 사춘기를 보내는 모습에서 끌어낼 수 있는 암시들은 그 아이의 훗날 행동 노선에 대해 믿을 만한 판단을 하게 한다. 미래를 바꿔놓길 원하면 무엇을 해야 하는지 우리는 잘 알고 있다.

어떤 사춘기 아이가 이성에 대해 매우 부정적인 모습을 보인다고 가정해보자. 그런 경우에 그 아이의 삶을 거슬러 올라가다 보면, 그 아이가 싸움을 즐겨 하던 아이인 것으로 드러날 가능성이 크다. 아마 아이는 다른 아이가 선호되면 우울한 기분을 느끼곤 하던 그런 아이였을 것이다. 그 결과 아이는 지금 자신이 매우 강하게 앞으로 나아가야 한다고, 또 거만하게 굴면서 감상적인 면을 철저히 부정해야 한다고 믿고 있다. 따라서 성에 대한 아이의 태도는 어린 시절의 경험을 반영하고 있다고 할 수 있다.

아이들은 사춘기에 집을 떠나고 싶어 하는 욕구를 종종 느낀다. 이는 아이가 가족의 조건에 결코 만족하지 못하고 있다는 사실을 보여주는 신호일 수 있다. 가족과의 생활에 만족하지 못하다 보니 가족과 끈을 끊을 수 있는 첫 번째 가능성을 놓치지 않으려고 안달을 부리게 된다. 아이는 가족의 뒷받침을 더 이상 원하지 않는다. 아이를 지속적으로 뒷받침하는 것이 아이 본인이나 부모의 이익과 부합하는데도 말이다. 부모의 뒷받침이 없을 경우에, 아이의 모든 상황이 나빠질 수 있다. 그러면 부모의 도움이 없었다는 사실이 아이의 실패에 대한 알리바이가 될 것이다.

이와 똑같은 경향이 집에서 지내면서도 밤만 되면 밖으로 나가려 드는 아이들에게서도 발견된다. 물론 밤에 혼자 집에 머무는 것보다 밖으로 나가서 즐거움을 추구하는 것이 훨씬 더 유혹적이다. 그런 태도는 또한 가족에 대한 비난을 암시하는 것이며, 집에서는 자유를 느끼지 못하고 감시나 관찰의 대상이 되고 있다는 점을 보여주는 신호이다. 예를 들면, 그 아이는 자신을 표현하거나 자신의 실수를 발견할 기회를 한 번도 갖지 못했을 수도 있다. 사춘기는 나쁜 방향으로 향하는 출발점이 될 불씨를 언제나 안고 있다.

많은 아이들은 사춘기에 주변의 평가를 제대로 받지 못하고 있다는 느낌을 그 전 어느 때보다 더 강하게 느낀다. 아마 그런 아이들은 학교에서 좋은 학생이었고 선생들로부터 좋은 평가를 받았을 것이다. 그러다 갑자기 새로운 학교로, 새로운 사회적 환경으로, 새로운 직장으로 옮겨졌을 것이다. 학교에서 잘하던 학생들이 사춘기에 최고의 학생이 되지 못하는 예가 종종 있다. 그런 아이들은 어떤 변화를 겪고 있는 것처럼 보인다. 그러나 실제로 따지고 보면 거기에는 전혀 아무런 변화가 없다. 단지 옛날의 상황이 새로운 상황만큼 아이의 성격을 분명하게 드러내 보여주지 않았을 뿐이다.

이 모든 것을 근거로 보면, 사춘기의 문제를 예방하는 최선의 길 중 하나가 우정의 배양이라는 주장이 가능하다. 아이들은 서로 훌륭한 친구가 되고 동무가 되어야 한다. 가족 밖의 사람뿐만 아니라 가족 구성원과의 사이에도 마찬가지로 우정이 깊어야 한다. 가족은 구성원 모두가 서로를 신뢰하는 그런 단위가 되어야 한다. 아이는 부모와 선생을 믿어야 한다. 정말이지, 사춘기에는 아이의 신뢰를 받는 부모와 선생만이 아이의 삶을 안내하는 능력을 발휘할 수 있다. 이런 유형이 아닌 부모와 선생은 사춘기에 아이로부터 철저히 외면을 당할 것이다. 아이는 그런 부모와 선생을 아웃사이더로 아니면 심한 경우에 적으로까지 여기며 그들에게 믿음을 전혀 품지 않을 것이다.

소녀들이 여성의 역할에 대한 증오를 드러내며 소년들을 모방하려 드는 것도 바로 이 시기이다. 물론 소년들의 특징 중에서 근면 같은 미덕보다 흡연과 음주, 갱단 조직 같은 악행을 모방하기가 훨씬 더 쉽다. 그러면서 소녀들은 소년들의 행동을 모방하지 않으면 소년들이 자신들에게 관심을 갖지 않을 것이라는 식의 이상한 변명을 늘어놓는다.

사춘기 소녀들이 이런 남성적인 면을 추구하는 현상을 분석하면, 문제의 소녀가 아주 어릴 적부터 여자의 역할을 절대로 좋아하지 않았다는 사실이 확인될 것이다. 그러나 그 소녀가 여자의 역할을 싫어하는 것은 지금까지 가려져 있었을 뿐이다. 말하자면 사춘기에 와서 분명하게 드러난 것뿐이다. 이 시기에 소녀의 행동을 관찰하는 것이 아주 중요한 이유도 거기에 있다. 소녀가 미래에 여자의 역할에 대해 어떤 태도를 취할 것인지를 발견할 수 있는 때가 바로 사춘기이다.

이 시기의 소년들은 종종 매우 현명하고, 매우 용감하고, 매우 확신에 찬 남자의 역할을 하기를 좋아한다. 또 다른 부류의 소년들은 자신의 문제를 두려워하며 자신에 대해 진정으로 유능한 남자라고 생각하지 않는다. 만약 소년들에게 남자의 역할에 대한 교육과 관련해 어떤 결함이라도 있었다면, 그 결함이 겉으로 드러나는 때가 바로 이 시기이다. 그런 소년들은 나약한 모습을 보이고, 소녀처럼 행동하고, 바람둥이 여자처럼 굴면서 소녀의 악행까지 모방할 것이다.

그런 한편에는 소년의 특징을 극단적으로 보여주는 소년들이 있다. 이 소년들은 악행마저도 극단적인 형태로 보여줄 것이다. 술도 과도하게 마실 것이고, 성적으로도 과도하게 행동할 것이다. 간혹 남자다운 모습을 보여주려는 욕구에서 범죄를 저지르기 시작할 것이다. 이런 악행은 남보다 우월하길 원하거나, 리더가 되거나, 동료들을 놀라게 만들기를 원하는 소년들 사이에서 발견된다.

그러나 이런 유형의 소년들의 내면을 보면, 겉으로 허세와 야망을 보이고 있음에도 불구하고 종종 겁쟁이의 특성이 보인다. 이런 소년들을 면밀히 검사하면, 그들이 삶을 쉽게 살려는 준비를 하고 있으며 언제나 쉬운 성공을 추구하고 있다는 사실이 확인된다. 이런 유형은 활동적이지만 용기를 결여하고 있다. 이 특성이야말로 범죄적 성향이 자랄 수 있는 온상이 아닌가.

아이들이 사춘기에 부모를 때리는 예도 있다. 아이들의 행동 뒤에 숨어 있는 통일성을 찾지 않는 사람은 이 아이들이 갑자기 변했다고 생각할 것이다. 그러나 그 전에 일어난 일들을 곰곰 따져보면, 이 아이들은 성격적으로 예전과 상당히 똑같을 것이다. 단지 지금 아이는 스스로 행동할 힘과 가능성을 더 많이 갖고 있을 뿐이다.

여기서 고려해야 할 또 한 가지 중요한 사항은 모든 아이가 사춘 기에 어떤 시험에 직면하고 있다고 느낀다는 점이다. 사춘기 아이는 자신이 더 이상 아이가 아니라는 점을 입증해 보여야 한다고 느낀 다. 물론 이는 대단히 배반적인 감정이다. 왜냐하면 사람들이 무엇 인가를 증명해야 한다고 느낄 때마다 지나치게 멀리 나갈 가능성이 있기 때문이다. 아이들도 마찬가지이다. 이거야말로 사춘기의 가장 의미 있는 징후이다. 그리고 이 징후에 대처하는 방법은 아이에게 더 이상 아이가 아니라는 점을 굳이 어른들에게 보여줄 필요가 없 다는 점을 설명해주는 것이다. 왜냐하면 어른들에겐 그런 증거가 필 요하지 않기 때문이다. 아이에게 이런 식으로 말해줌으로써, 우리는 앞에서 언급한 불상사를 예방할 수 있을 것이다.

　소녀들 중에 성적인 관계를 과장하며 "소년만 보면 사족을 못쓰 는" 유형의 아이가 자주 보인다. 이런 소녀들은 언제나 자기 어머니 와 싸우고 있으며 또 자신이 억눌려 지낸다고 믿고 있다(그들이 실 제로 억눌려 지내고 있을 수도 있다). 이런 소녀들은 자기 어머니를 괴롭히기 위해 만나는 남자들 누구하고나 관계를 맺을 것이다. 이런 소녀들은 자기 어머니가 알면 상당히 괴로워할 것이라는 생각에 꽤 행복해 한다. 엄마와 다툰 끝에 가출한 뒤 남자와 성관계를 처음 갖 는 소녀들이 많다. 아니면 아버지가 지나치게 엄격하다는 점을 핑계 로 남자와 성관계를 맺는 소녀들도 있다.

　소녀들이 착하게 키우려는 부모에게 억압되었다가 부모가 심리 학적 통찰력을 결여한 탓에 나쁜 아이로 성장하게 되는 현실은 정말 아이러니가 아닐 수 없다. 그런 경우에 잘못은 소녀들에게 있지 않고 부모에게 있다. 왜냐하면 부모들이 소녀에게 사춘기에 직면하게 될 상황을 제대로 준비할 기회를 주지 않았기 때문이다. 부모들은 사춘기가 되기 전에 소녀들을 지나치게 보호해 왔다. 그 결과 소녀들은 사춘기의 함정을 직면하는 데 필요한 판단력과 자립심을 키우지 못하게 된다.

문제들이 사춘기에 나타나지 않고 사춘기를 넘기고 결혼한 뒤에 나타나는 경우도 간혹 있다. 그러나 그 원리는 똑같다. 소녀들이 다행히 사춘기에 불리한 상황을 맞지 않은 것만 다를 뿐이다. 그러나 조만간 불리한 상황은 일어나게 되어 있으며, 그 상황에 미리 대비하려는 노력이 필요하다.

한 사례가 사춘기 소녀의 문제를 아주 구체적으로 보여줄 것이다. 소녀는 15세였으며, 매우 가난한 가정의 자녀였다. 불행하게도 그녀에겐 언제나 병치레를 하는 오빠가 있었다. 그래서 오빠는 늘 엄마의 간호를 받아야 했다. 소녀는 아주 어린 시절부터 엄마에게서 관심의 차이를 확인했다. 일을 더욱 복잡하게 만든 것은 그녀가 태어났을 때 아버지도 병을 앓고 있었다는 사실이다. 그런 환경 때문에 엄마는 남편과 아들을 동시에 돌보아야 했다. 소녀는 보살핌과 관심을 끈다는 것이 무슨 의미인지를 보여주는 두 가지 예를 늘 옆에 두고 있었다. 그 결과 다른 사람의 주의를 끌고 인정을 받는 것이 그녀의 소원이 되었다. 그녀는 가족 안에서는 이 같은 인정을 발견할 길이 없었다. 특히 어린 여동생이 태어나 약간 누리고 있던 관심마저

박탈당하게 된 이후로, 그녀는 인정에 아주 목말라 했다. 운명의 장난인지 모르지만, 여동생이 태어나자 아버지의 병세가 나아졌다. 그래서 아기인 여동생은 소녀가 받은 것보다 훨씬 더 많은 관심을 끌며 자랐다. 아이는 이 모든 것을 잘 안다.

소녀는 학교에서 열심히 노력함으로써 가족들로부터 받지 못한 관심에 대한 보상을 받으려 했다. 소녀는 학교에서 가장 우수한 학생이 되었다. 그런 실력 때문에 고등학교까지 진학해야 한다는 소리가 높았다. 그러나 소녀가 고등학교에 들어가자, 어떤 변화가 일어났다. 성적이 그다지 훌륭하지 못했던 것이다. 이유는 새로운 선생이 소녀를 몰라주었고 따라서 제대로 인정을 해주지 않았기 때문이다. 소녀로서는 인정을 받고 싶은 마음이 간절했다. 그러나 소녀는 이젠 집에서도 학교에서도 인정을 받지 못하는 처지가 되고 말았다. 소녀는 다른 어딘가에서 인정을 받아야 했다. 그래서 그녀는 자신을 제대로 인정해줄 남자를 찾아 나섰다. 그녀는 어떤 남자와 2주일을 함께 살았다. 그러자 남자가 그녀에게 싫증을 내기 시작했다. 그 다음에 무슨 일이 일어났을 것인지, 누구나 짐작할 수 있을 것이다. 그녀는 그것이 자신이 원한 인정이 아니라는 사실을 깨달았다. 그 사이에 가족은 걱정을 하며 딸을 찾기 시작했다. 가족에게 어느 날 그녀의 편지가 날아왔다. "약을 먹었어요. 그래도 걱정하지 마세요. 나는 행복하니까요."라는 내용의 편지였다. 행복과 인정을 추구하려던 노력이 물거품이 된 마당에 그녀의 다음 선택은 분명히 자살이었다. 그래도 그녀는 자살을 감행하지 않았다. 그녀는 자살을 부모의 용서를 끌어낼 협박으로 이용했다. 그녀는 길을 배회하다가 엄마에게 잡혀 집으로 끌려 들어갔다.

만약 소녀가 자신의 전체 삶이 인정을 받으려는 노력에 지배당하고 있다는 것을 알았더라면, 이 모든 일은 일어나지 않았을 수도 있다. 만약 고등학교 선생이 소녀가 언제나 공부를 잘했고 또 그녀가 원하는 것은 주위의 인정뿐이라는 사실을 깨달았더라면, 그 같은 비극은 일어나지 않았을 수 있다. 환경의 사슬 그 어느 지점에서라도 소녀를 적절히 다뤘더라면, 그녀가 그처럼 망가지는 것만은 피할 수 있었을 것이다.

이 이야기가 성교육 문제로 안내한다. 성교육이라는 주제는 최근 들어 대단히 과대 포장되었다. 성교육 문제에 몰상식하게 달려드는 사람들이 많다. 이 사람들은 어느 나이 때에나 성교육을 할 것을 바라고 있다. 그들은 성적 무지의 위험을 과장하고 있다. 그러나 우리 자신의 과거와 다른 사람들의 과거를 돌아보면, 그런 사람들이 상상하는 것만큼 중대한 어려움도 보이지 않고 중대한 위험도 보이지 않는다.

개인 심리학의 경험이 가르치는 것은 아이가 두 살이 될 때 자신이 소년인지 소녀인지를 알도록 해야 한다는 것이다. 또한 그때쯤 아이에게 남자와 여자는 바뀌질 수 있는 것이 아니며 소년은 신사로 성장하고 소녀는 부인으로 성장한다는 점을 설명해줘야 한다. 이 정도만 가르쳐준다면, 설령 성 관련 지식이 특별히 없다 하더라도 그다지 큰 위험이 되지 않는다. 만약에 남자 아이에게 소녀는 소년처럼 교육을 받지 않을 것이고 소년은 소녀처럼 교육을 받지 않을 것이라는 점을 알게 한다면, 그러면 아이의 마음에서 성 역할이 고정될 것이고, 아이는 정상적으로 발달하며 자신의 역할에 대비해 준비를 하게 될 것이다.

그러나 만약 아이가 어떤 이유로든 자신의 성을 바꿀 수 있다고 믿게 된다면, 문제가 발생할 것이다. 또 부모가 아이의 성을 바꾸고 싶어 하는 욕망을 표현한다면, 그런 경우에도 문제가 발생할 수 있다. 래드클리프 홀(Radclyffe Hall)의 『고독의 샘』(The Well of Loneliness)을 보면, 이런 상황이 잘 묘사되고 있다. 부모들은 종종 딸을 아들처럼, 아들을 딸처럼 교육시키기를 좋아한다. 딸에게 아들의 옷을, 아들에게 딸의 옷을 입혀 사진을 찍기도 한다. 또 소녀가 소년처럼 보이는 경우도 간혹 있다. 그러면 주변 사람들은 그 아이를 소년이라고 부르기 시작한다. 이는 엄청난 혼란을 낳는다. 당연히 이런 일도 피할 수 있다.

여자를 과소평가하며 소년을 우월한 존재로 여기는 그런 식의 논의도 피해야 한다. 아이들에게 남자나 여자나 똑같은 가치를 지닌다는 점을 이해시켜야 한다. 이는 과소평가되고 있는 쪽의 열등 콤플렉스를 피하기 위해서 뿐만 아니라 남자 아이들에게 끼칠 피해를 막기 위해서도 필요하다. 만약 소년들에게 남자가 우월한 성이라고 가르치지 않는다면, 소년들은 소녀들을 단순히 욕망의 대상으로만 보지 않을 것이다. 또 소년들은 자신들의 미래 임무를 알게 된다면 남녀 관계를 추한 시선으로 바라보지 않을 것이다.

달리 말하면, 성교육의 진짜 문제는 단지 아이들에게 성관계의 생리적 기능을 설명해주는 데 있지 않다. 사랑과 결혼에 대해 적절한 태도를 갖도록 준비시키는 것이 정말 중요한 문제인 것이다. 이는 사회적 조정의 문제와 밀접히 연결되어 있다. 만약 어떤 사람이 사회적으로 조정이 제대로 되어 있지 않다면, 그는 성을 농담의 주제로 삼을 것이며 사물을 전적으로 음탕한 관점에서 볼 것이다. 물론 이런 일은 자주 일어나고 있으며 서구 문화의 결함을 반영하는 것이다. 서구 문화에서는 남자가 지도자의 역할을 하기가 훨씬 더 쉽기 때문에, 여자들은 고통을 당하고 있음에 틀림없다. 그러나 남자도 이 허구적인 우월 때문에 근본적인 가치들을 접할 기회를 잃음에 따라 마찬가지로 고통을 겪는다.

성교육의 육체적인 측면에 대해 말하자면, 아이들이 아주 어릴 때부터 이 교육을 받을 필요는 없다. 아이가 호기심을 보이면서 무엇인가를 발견하기를 원할 때까지 기다려도 된다. 아이에게 관심을 기울이는 부모는 아이가 부끄러워하며 성 관련 질문을 던지지 못하는 경우에 자신이 주도하고 나서야 할 때가 언제인지를 잘 알게 된다. 만약 아이가 자기 아버지와 어머니를 친구처럼 느낀다면, 그 아이는 질문을 던질 것이다. 그럴 경우엔 대답도 아이의 이해력에 맞게 적절히 제시되어야 한다. 성욕을 자극할 그런 대답을 제시하는 것은 피해야 한다.

이 맥락에서 보면, 성적 본능이 일찍 나타난다 해도 굳이 놀랄 필요는 없을 것 같다. 성적 발달은 아주 일찍 시작한다. 사실 생후 몇

주 후부터 시작한다. 유아도 성적 쾌감을 경험하고 또 성감대를 의식적으로 자극하는 것이 거의 확실하다. 어떤 불쾌한 짓이 시작되려는 조짐이 보인다 하더라도, 우리는 놀라지 말아야 한다. 그 짓에 중요성을 지나치게 많이 부여하지 않는 것처럼 보이면서 그 짓을 중단시키려고 최대한 노력해야 한다. 만약 어떤 아이가 어른들이 이 문제 때문에 걱정한다는 사실을 깨닫는다면, 그는 주의를 끌기 위해 그 버릇을 교묘하게 계속할 것이다. 어른들이 아이를 보고 성욕의 희생자라고 생각하게 만드는 것이 바로 그런 행동이다. 실은 아이가 자신을 드러내는 도구로 그 버릇을 악용하고 있는데도 말이다. 대체로 보면 아이들은 자신의 성기를 갖고 놂으로써 주의를 끌려고 노력한다. 왜냐하면 자기 부모가 그 같은 짓을 두려워한다는 사실을 잘 알고 있기 때문이다. 아이들이 아플 때 주위 사람들이 응석을 더 잘 들어준다는 이유로 꾀병을 부리는 때와 똑같은 심리이다.

아이들에게 키스를 많이 하거나 포옹을 많이 해서 육체적으로 자극하는 일을 피해야 한다. 그런 행위는 아이에게, 특히 사춘기의 아이에게 심한 짓이다. 아이들은 성이라는 주제와 관련해서 정신적으로도 자극을 받아서는 안 된다. 아이가 아버지의 서재에서 천박한 사진을 발견하는 일이 자주 벌어지고 있다. 우리는 심리 상담실에서 그런 이야기를 끊임없이 듣고 있다. 아이들에게 야한 책을 접할 기회를 주어서는 안 된다. 야한 장면이 두드러진 영화도 아이들에게 보여주지 않는 것이 바람직하다.

만약 이런 온갖 형태의 조숙한 자극을 피할 수 있다면, 어떠한 두려움도 가질 필요가 없다. 때가 되면 그때마다 쉬운 단어로 필요한 정보를 아이들에게 말해주면 된다. 아이를 자극할 필요도 없다. 언제나 진실하고 간단한 어투로 대답을 충실하게 제시하면 된다. 무엇보다, 신뢰를 지켜나가려면 아이에게 거짓말을 하지 말아야 한다. 자기 부모를 신뢰하는 아이라면 친구들에게서 듣는 설명을 에누리해서 들을 것이다. 그러면서 부모의 말을 믿을 것이다. 인류의 90%가 성적 지식을 친구들에게서 얻는다는 사실을 모두가 다 잘 알고 있지 않은가. 부모와 자식 사이에 형성되는 그런 협동과 우정은 부모가 그런 상황에 슬기롭게 대처하고 있다고 믿으면서 제시하는 다양한 핑계 그 어떤 것보다 더 중요하다.

섹스를 지나치게 많이 경험하거나 지나치게 일찍 경험하는 아이들은 대체로 훗날 섹스를 피하는 모습을 보이기도 한다. 아이들이 자기 부모의 성행위를 보지 않도록 하는 것이 좋은 이유가 거기에 있다. 가능하다면 아이들은 부모와 같은 방에, 특히 같은 침대에 자지 말아야 한다. 또한 여자 아이와 남자 아이도 같은 방에서 자지 말아야 한다. 부모는 아이들이 적절하게 처신하는지를 언제나 살펴야 한다. 부모는 또한 외부 영향에 대한 경계도 늦추지 말아야 한다.

지금까지 성교육 문제에서 가장 중요한 사항들을 논했다. 다른 유형의 교육에서와 마찬가지로, 성교육에서도 가족 내의 협동심과 우애가 대단히 중요하다. 협동심이 살아 있는 가운데, 남녀 성별 역할과 남녀평등에 대한 지식을 일찍 갖추게 된다면, 아이는 훗날 겪게 될 어떠한 위험에도 준비를 제대로 갖추게 될 것이다. 무엇보다 아이는 자신의 임무를 건전한 방식으로 수행하는 데 필요한 준비를 갖추게 될 것이다.

13장
교육상의 실수들

아이를 키울 때, 부모나 선생이 아이가 용기를 잃지 않도록 하기 위해 해서는 안 되는 것들이 있다. 아이의 노력이 즉시적으로 성공을 거두지 못하더라도, 부모나 선생은 절대로 희망을 잃지 말아야 한다. 아이가 활발하지 못하거나 둔감하거나 극도로 수동적일 때에도 부모나 선생은 패배를 예상해서는 안 된다. 또 부모나 선생은 재능을 타고난 아이도 있고 재능을 타고나지 못한 아이도 있다는 미신을 믿어서도 안 된다.

개인 심리학은 모든 아이들이 용기를 더 많이 갖고 또 자신에 대한 믿음을 더 강하게 품도록 함으로써 아이들의 정신적 능력을 최대한 자극해줘야 한다고 주장한다. 또 아이들에게 어려움을 극복 불가능한 장애로 여길 것이 아니라 정면으로 직시하고 정복해야 할 문제로 여겨야 한다는 점을 가르쳐야 한다고 주장한다. 그런 식으로 노력한다고 해서 언제나 성공이 보장되는 것은 아니지만 노력에 대한 보상은 반드시 따르게 되어 있다. 다음은 이 같은 노력이 성공을 거두고 있음을 보여주는 재미있는 예이다.

초등학교 6학년인 열두 살짜리 소년의 이야기이다. 소년은 성적이 형편없었으나 그런 일 따위에는 전혀 개의치 않았다. 그는 대단히 부적절한 과거를 갖고 있었다. 구루병 때문에 세 살이 될 때까지도 걷지 못했다. 만 세 살이 되었을 때에도 겨우 단어 몇 개밖에 말하지 못했다. 소년이 네 살이 되자, 어머니가 아이를 아동 심리학자에게 데려갔다. 그런데 이 심리학자는 아이를 보고 절망적이라는 의견을 내놓았다. 그러나 엄마는 심리학자의 말을 믿지 않고 아이를 지도 기관에 맡겼다. 그곳에서 아이는 기관의 도움을 그리 많이 받지 않은 가운데서도 서서히 발달하는 모습을 보였다. 소년이 여섯 살이 되었을 때, 학교에 입학할 수 있다는 결론이 나왔다. 학교에 입학하고 첫 2년 동안, 소년은 집에서 별도의 지도를 받았다. 그 결과 아이는 학교의 시험을 통과할 수 있었다. 또 3학년과 4학년도 그럭저럭 잘해냈다.

학교와 가정의 상황은 다음과 같았다. 소년은 유별난 게으름 때문에 학교에서 단연 두드러졌다. 집중력을 키우지 못했던 아이는 오히려 주변 아이들이 주의를 기울이지 못하게 한다며 불평을 늘어놓았다. 급우들과도 무난히 어울려 지내지 못했으며, 아이들의 놀림을 당하고 언제나 다른 아이들보다 약한 모습을 보였다. 급우들 중에서 이 아이와 친한 아이는 하나뿐이었다. 아이는 이 친구를 대단히 좋아했으며 산책을 함께 하기도 했다. 이 아이의 눈에 다른 아이들은 불쾌한 존재로 비쳤다. 아이는 다른 아이들과 접촉조차 하지 않았다. 선생은 소년이 산수에 약하고 글자를 제대로 못 쓴다고 지적했다. 선생이 이 소년도 다른 아이들만큼 성취할 수 있다는 확신을 갖고 있었음에도 불구하고, 그런 선생에게서 이 같은 지적이 나왔다.

소년의 과거와 소년이 이미 할 수 있었던 것에 비춰 본다면, 소년을 다루는 방법이 그릇된 진단을 근거로 하고 있었음에 틀림없다. 이 아이는 심각한 열등감으로, 말하자면 열등 콤플렉스로 고통 받던 아이였다. 소년에겐 무슨 일이든 매우 잘해내는 형이 있었다. 소년의 부모는 형은 공부도 안 했는데도 고등학교에 들어갔다고 주장했다. 부모들은 자기 자식은 공부를 할 필요조차 없었다는 식으로 말하기를 즐긴다. 그러면 아이는 그것을 자랑으로 여겼다. 공부를 하지 않고 배우는 것은 분명 불가능하다. 이 형은 아마 수업 시간에 주의를 집중하고 또 학교에서 듣고 본 것을 잘 기억함으로써 공부의 대부분을 학교에서 하는 방향으로 스스로를 훈련시켰을 것이다. 학교에서 많은 주의를 기울이지 않는 아이들은 당연히 집에서 공부를 따로 해야 한다.

이 아이와 형 사이에는 어떤 차이가 있을까? 이 아이는 자신이 형보다 못하고 또 형보다 무가치하다는 감정에 짓눌린 채 살아야 했다. 소년은 아마 자기 어머니가 분노를 터뜨릴 때마다 형보다 못하다는 말을 귀에 못이 박히도록 들었을 것이다. 아니면 형으로부터 바보라는 소리를 수도 없이 들었을 것이다. 소년의 어머니는 아이의 형이 자기 말을 듣지 않는다는 이유로 동생을 발로 차곤 했다는 이야기까지 들려주었다. 우리 앞에 있는 이 소년은 바로 이 같은 행태의 결과물이었다. 자신이 다른 사람들보다 훨씬 더 형편없다고 믿는 인간이 바로 이 소년이었다. 삶이 마치 아이의 믿음을 증명이라도 하는 것처럼 보였다. 급우들은 아이를 비웃었고, 학교 공부는 언제나 엉망이었다. 아이가 집중이 안 된다고 했으니 학교 성적이 오죽 했겠는가.

모든 어려움은 그를 놀라게 만들었다. 선생은 아이를 아래 학년으로 내려 보내야 한다거나 다른 학교로 가야 한다는 말을 수시로 했다. 그런 환경에서 아이가 낙제를 피할 수 없다는 믿음을 갖게 되었다고 해도 전혀 놀랄 일이 아니다. 아이는 다른 사람들이 자신에 대해 품는 의견이 정확하다는 확신을 갖게 되었다. 아이가 너무나 심하게 절망한 나머지 미래에 대한 믿음을 전혀 갖지 못하게 된 것은 분명 비극이다.

이 아이가 자신에 대한 믿음을 잃어버렸다는 사실을 확인하기는 쉬웠다. 우리가 용기를 북돋우는 쪽으로 아이와 대화를 시작했을 때, 아이가 몸을 떨며 얼굴이 창백해졌기 때문에 하는 소리가 아니다. 언제나 주의를 기울여야만 보이는 작은 신호를 근거로 하는 말이다. 아이에게 나이를 물었을 때(우리는 아이가 열두 살이란 것을 이미 알고 있었다), 아이는 "열한 살"이라고 대답했다. 이런 식의 대답을 우연으로 여겨서는 절대로 안 된다. 대부분의 아이들이 자기 나이를 정확히 알고 있기 때문이다. 그런 실수의 뒤에는 틀림없이 어떤 이유가 도사리고 있다. 이 아이의 삶에서 일어난 일들을 근거로 아이의 대답을 분석한다면, 아이가 과거를 되찾고 싶어 한다는 인상을 피할 수 없다. 아이는 과거로, 그러니까 자신이 지금보다 더 작고 더 약하고 더 많은 도움을 필요로 하던 때로 돌아가기를 원하고 있다.

우리는 이미 확보한 사실들을 바탕으로 아이의 심리 체계를 재구성할 수 있다. 이 아이는 그만한 나이의 아이들에게 주어지는 임무를 성취하는 데서 만족을 추구하지 않는다. 단지 아이는 다른 아이들만큼 충분히 발달하지 않아 그 아이들과 경쟁을 벌이지 못한다고 믿고 있으며, 또 그 믿음에 따라 행동하고 있다. 자신이 다른 아이들보다 뒤처져 있다고 느끼는 감정 상태는 나이를 낮추는 데서 잘 드러나고 있다. 아이가 "열한 살"이라고 대답해놓고 어떤 상황에서는 다섯 살짜리 아이처럼 행동할 수도 있다. 그는 자신의 열등을 아주 분명하게 인정하고 있기 때문에 모든 행동을 실제보다 나이가 어린 상태에 맞추려 들 수 있다.

아이는 아직 낮에도 오줌을 쌌으며 자신의 변을 제대로 통제하지 못했다. 이런 것들은 아이가 스스로 아직 아기라고 믿거나 믿고 싶어 할 때 나타나는 징후들이다. 이 징후들은 소년이 과거에 집착하길 원하고 가능하다면 과거로 돌아가고 싶어 한다는 우리의 분석을 뒷받침한다.

아이의 집에는 여자 가정교사가 있었는데, 아이가 태어나기 전부터 있던 사람이었다. 그녀는 이 아이에게 신경을 대단히 많이 썼으며, 기회가 있을 때마다 아이의 보호자 역할을 하면서 어머니의 자리를 대신했다. 여기서 우리는 다른 결론을 끌어낼 수 있다. 우리는 그 아이가 어떤 식으로 생활했는지에 대해 이미 알고 있다. 아이는 아침에 일찍 일어나는 것을 싫어했다. 아이를 깨우는 데 많은 시간이 걸렸다. 우리의 결론은 아이가 학교에 가기를 싫어한다는 것이다. 급우들과 무난하게 어울리지 못하거나, 학교에서 억압 받고 있다고 느끼거나, 자신이 작은 일조차 제대로 해낼 능력을 갖추고 있지 않다고 믿는 소년은 아마 학교에 가고 싶은 마음이 생기지 않을 것이다. 그 결과, 아이는 학교에 갈 시간에 맞춰 일어나고 싶어 하지 않았을 것이다.

그러나 아이의 가정교사는 아이가 학교에 가고 싶어 했다고 말했다. 실제로 최근에 아팠을 때 아이는 일어나게 해 달라고 간청했다. 이는 우리가 앞에서 한 말과 조금도 모순되지 않는다. 여기서 던져야 할 질문은 이것이다. "가정교사가 어떻게 그런 실수를 저지를 수 있어?" 상황은 너무나 분명하고 또 흥미로웠다. 소년은 몸이 아플 때에는 학교에 가고 싶다는 말을 할 수 있었다. 가정교사가 "아파서 학교에 갈 수 없어."라고 대답할 게 너무나 뻔했기 때문이다. 그러나 아이의 가족은 이 모순을 이해하지 못했다. 그들은 아이의 문제를 해결해 보려고 노력하면서 혼란을 겪었다. 우리는 아이의 가족을 지켜보면서 가정교사가 소년의 마음 속에서 벌어지고 있는 것들을 제대로 이해하지 못하고 있다는 사실을 여러 차례 확인할 수 있었다.

그즈음 어떤 일이 일어났는데, 그것이 소년을 우리에게로 데려온 직접적 이유였다. 소년이 사탕을 사기 위해 가정교사의 돈을 훔친 것이다. 그 같은 행위는 소년이 꼬마처럼 행동하고 있었다는 것을 의미했다. 캔디를 사기 위해 돈을 훔치는 것은 극도로 유치했다. 아주 어린 아이들은 캔디의 유혹을 누르지 못할 때 이런 행동을 한다. 그 아이들은 자신의 육체적 기능을 통제하지 못하는 아이들이다. 이 행위의 심리학적 의미는 이렇다. "당신은 나를 지켜봐야 해. 그렇게 하지 않으면 나는 못된 짓을 할 거야."

소년은 자신에 대한 믿음을 전혀 갖고 있지 못했기 때문에 상황을 다른 사람들이 자신에게 신경을 쏟게 하는 쪽으로 끊임없이 몰아가고 있었다. 소년이 가정과 학교에서 처한 상황을 서로 비교하자, 그 연결이 아주 명백해졌다. 아이는 집에서는 다른 사람들이 자신에게 신경을 쏟도록 만들 수 있었지만 학교에서는 그렇게 하지 못했다. 그런데도 누가 아이의 행동을 바로잡으려 노력했는가?

우리에게 데려올 때까지, 소년은 퇴행적이고 열등한 아이로 여겨졌다. 그러나 이 아이는 그런 식으로 분류될 이유가 하나도 없는 아이였다. 아이는 자신에 대한 믿음을 되찾기만 하면 다른 급우들 못지않게 많은 것을 성취해낼, 지극히 정상적인 아이였다. 아이에겐 모든 것을 비관적으로 보고 또 한 걸음 앞으로 나아가기 전에 먼저 패배를 받아들이는 경향이 있었다. 아이의 자신감 결여는 모든 행동에 나타났으며 선생의 보고에서도 확인되었다. "집중하지 못하고, 기억력이 약하고, 부주의하고, 친구가 전혀 없다." 아이의 낙담이 너무나 분명하게 드러났다. 누구도 눈치 채지 않을 수 없는 지경이었다. 상황이 아이에게 아주 불리했다. 그래서 아이가 관점을 바꾸는 것이 대단히 어려웠을 것이다.

설문지를 작성한 다음에, 상담이 이어졌다. 우리는 소년뿐만 아니라 관련 있는 다른 사람들과도 상담을 했다. 첫째, 소년의 엄마가 있다. 오래 전부터 소년을 절망적인 아이로 여겨 포기한 상태에서 오직 아이에게 적절한 일을 찾아주려고만 노력하던 사람이었다. 둘째, 동생을 경멸한 형이 있었다.

"나중에 커서 뭐가 되고 싶니?"라는 질문에 소년은 대답을 하지 못했다. 당연한 일이다. 이는 이 소년과 같은 아이들에게 특징적으로 나타나는 현상이다. 어느 정도 성장한 아이가 자신이 무엇이 되려 하는지 모르고 있다면, 거기엔 언제나 수상쩍은 구석이 있다. 사람들 대부분이 어린 시절에 선택한 직업을 갖지 못하는 것은 사실이다. 그러나 그 같은 사실은 별로 중요하지 않다. 적어도 갖고 싶은 직업이 있는 사람들은 어떤 생각을 바탕으로 삶을 영위하게 된다. 아주 어릴 적에 아이들은 운전수나 야간 순찰자, 버스 차장 등 자기 눈에 매력적으로 보이는 직업을 꿈꾼다. 그러나 아이가 물질적 목표를 전혀 갖고 있지 않을 때, 혹시 아이가 미래를 외면하고 과거로 돌아가고 싶어 하는 것은 아닌지, 달리 말해, 미래와 그 미래와 연결된 모든 문제들을 피하려 드는 것은 아닌지 의심해 봐야 한다.

이는 개인 심리학의 근본적인 주장 중 하나와 모순되는 것처럼 보인다. 개인 심리학은 언제나 우월을 위한 노력을 벌이는 것을 아이들의 특징이라고 주장해 왔다. 또 모든 아이가 자신을 펼쳐 보이기

를, 다른 아이들보다 더 크기를, 무엇인가를 성취하기를 원한다는
점을 보여주려고 노력해왔다. 그런데 갑자기 그와 정반대의 모습을
보이는 아이가 우리 앞에 서 있다. 옛날로 돌아가기를 원하고, 작아
지기를 원하고, 다른 사람들이 자신을 받쳐주길 원하는 그런 아이이
다. 개인 심리학은 이 모순을 어떻게 설명할 것인가? 정신생활의 움
직임들은 절대로 원시적이지 않다. 그 움직임들은 모두 복잡한 배경
을 갖고 있다. 만약 복잡한 예들에서 단순한 결론을 끌어낸다면, 우
리는 언제나 실수를 저지르게 될 것이다. 이 모든 복잡성에는 속임
수가 숨어 있다. 만약에 전체 그림을 완벽하게 이해하지 못하는 상
황이라면, 눈앞에서 벌어지는 일 자체를 놓고 그와 정반대 방향으로
해석하려고 노력하는 것은 오히려 혼란만 가중시킬 것이다. 예를 든
다면, 소년이 뒤로 향하려고 노력하는 것이 그 방향으로 향할 때 자
신이 가장 커 보이거나 가장 안전해 보이기 때문이라는 식으로 해석
하는 것이 그런 예이다.

　사실, 이런 아이들은 우스운 방향으로 옳게 행동하고 있다. 이 아
이들은 작고 허약하고 무력하고 아무것도 요구되지 않던 그런 시절
의 자신보다 절대로 더 강할 수 없고 더 지배적일 수 없다. 자신감을
전혀 갖지 못했던 이 아이는 자신이 아무것도 성취하지 못하게 될까
두려워했다. 그런 경우에 이 아이가 자신에게 무엇인가를 기대할 미
래를 기꺼이 직시할 것이라고 예상할 수 있을까? 아이는 자신의 힘
과 능력을 동원해야 하고 또 한 사람의 개인으로서 평가받게 될 모
든 상황을 피하려 할 것이다. 따라서 아이에게는 자신에게 거의 아

무엇도 요구하지 않을, 대단히 제한적인 활동 영역을 제외하고는 아무것도 남지 않는다. 이런 식으로 우리는 아이가 인정을 위한 노력을 펼 수 있는 영역이 아주 좁다는 점을 이해할 수 있다. 이 아이에겐 다른 사람들에게 의존하며 살던 꼬마였을 때 받은 그런 인정만이 가능할 뿐이었다.

우리는 소년의 선생과 어머니와 형과도 머리를 맞댔을 뿐만 아니라 그의 아버지와 우리의 동료들과도 의논을 해야 했다. 이런 일련의 모임에는 많은 일이 따른다. 만약 선생을 우리 쪽으로 끌어들일 수 있다면, 노동이 많이 절약될 것이다. 그러나 선생을 끌어들이는 것은 불가능하지는 않다 해도 대단히 어려운 일이다. 많은 선생들은 옛날 방식과 믿음에 강하게 매달리며 심리적 조사를 특별한 것으로 여긴다. 심리적 조사가 자신의 권력 상실을 의미하는 것은 아닐까 하고 두려워하는 선생도 많다. 그렇지 않으면 심리적 조사를 부당한 간섭으로 여긴다. 물론 심리적 조사는 부당한 간섭이 아니다. 심리학은 하나의 과학이다. 한꺼번에 배울 수 없고 연구와 실천을 거듭하면서 배워질 수 있는 그런 과학이다. 그러나 우리가 그릇된 관점을 갖고 있을 때에는 심리학은 거의 아무런 소용이 없는 학문이다.

관용은 필요한 자질이다. 교사에겐 더욱더 필요하다. 또 새로운 심리학적 아이디어들에 열린 마음을 갖는 것이 현명하다. 심지어 그 아이디어들이 지금까지 우리가 갖고 있던 관점과 모순되는 것처럼 보일 때조차도, 열린 마음이 중요하다. 개인 심리학에도 선생들의 의견에 무턱대고 반대할 권리는 전혀 없다. 그런 어려운 상황에서 개인 심리학은 어떻게 할 것인가?

우리의 경험에 비춰보면, 그런 상황에서는 아이를 궁지에서 빼내는 것 외에는 달리 할 것이 없다. 말하자면 아이를 그 학교에서 '제거'하는 수밖에 달리 방법이 없다는 뜻이다. 이렇게 한다고 해서 피해를 입는 사람은 아무도 없다. 사실을 말하면, 거기서 무슨 일이 벌어지고 있는지 아무도 모른다. 그러나 소년의 어깨에 지워진 짐만은 내려질 것이다. 아이는 아무것도 알지 못하는 새로운 상황으로 들어갈 것이다. 그러면 아이는 다른 사람들이 자신에 대해 나쁘게 생각하지 않도록 신경을 쓸 것이다. 또 다른 사람들로부터 경멸을 당하지 않도록 노력할 것이다.

일이 이런 식으로 돌아가도록 하기 위해 취해야 할 조치에 대해 설명하는 것은 쉽지 않다. 가족 상황과 관계가 아주 깊다. 아마 모든 예들은 저마다 다 조금씩 다른 해결책을 요구할 것이다. 그러나 개인 심리학에 정통한 선생들이 많다면, 이런 아이들을 다루는 것이 훨씬 더 쉬워질 것이다. 개인 심리학을 잘 아는 선생들은 이런 아이들을 이해심 가득한 눈으로 볼 것이고 또한 학교 안에서도 아이들을 잘 도와줄 수 있을 것이다.

14장
학부모 교육시키기

여러 부분에서 암시한 바와 같이, 이 책은 부모와 선생을 대상으로 하고 있다. 부모와 선생은 아이의 정신생활에 관한 새로운 심리학적 통찰의 혜택을 똑같이 누릴 수 있다. 종국적으로 보면, 아이의 교육과 발달이 대부분 부모의 보호 아래 이뤄지든 아니면 선생의 보호 아래 이뤄지든 별로 중요하지 않다. 아이가 적절한 교육을 받기만 하면 된다.

물론 지금 우리는 학과목 외의 교육에 대해 언급하고 있다. 학과목에 대한 가르침이 아니라 성격의 발달에 대해 논하고 있는 것이다. 그런데 교육에서 가장 중요한 부분이 바로 성격의 발달이지 않는가. 부모는 학교의 잘못을 바로잡고, 선생은 가정의 잘못을 바로잡아줄 수 있다. 지금 부모와 선생이 성격 교육에 각자의 몫을 하고 있지만, 그럼에도 불구하고 대도시에서, 그리고 현대의 사회적, 경제적 조건에서는 책임 중 더 큰 부분이 선생의 몫으로 떨어진다. 전체적으로 본다면, 부모들은 아이들의 교육에 직업적 관심을 갖게 마련인 선생들만큼 새로운 사상을 쉽게 받아들이지 못한다. 개인 심리학이 아이들에게 미래를 준비시키면서 품는 희망은 주로 학교와 선생을 변화시키는 데로 모아진다. 물론 개인 심리학은 부모들의 협력도 절대로 부정하지 않는다.

선생이 아이들을 교육시키는 과정에, 불가피하게 선생과 학부모 사이에 갈등이 빚어지게 되어 있다. 아이들을 바로잡으려는 선생의 노력이 어느 정도 학부모의 실패를 전제로 하고 있다는 점에서 본다면, 이 같은 갈등은 불가피하다. 선생의 교정 노력은 어떤 의미에서 보면 학부모를 비난하는 행위이다. 실제로 부모가 그런 느낌을 받는 경우가 자주 있다. 그렇다면 선생은 이런 상황에서 학부모를 어떻게 다뤄야 할까?

다음의 글은 바로 이 문제를 다루는 내용이다. 물론 부모를 심리학적 문제로 다룰 필요가 있는 선생의 관점에서 쓰였다. 이 글을 읽는 학부모가 있더라도 마음의 상처를 받지 않길 바란다. 왜냐하면 이 글이 선생이 다뤄야 할 그런 집단적인 문제를 일으키고 있는 현명하지 못한 부모들에게만 해당되는 것이기 때문이다.

문제 아이 본인에게 접근하는 것보다 문제 아이의 부모에게 접근하는 것이 더 어렵다고 말하는 선생들이 많다. 이 같은 사실은 선생이 언제나 재치 있게 교육 활동을 벌일 필요가 있다는 점을 암시한다. 선생은 늘 아이의 나쁜 특성들에 대한 책임이 전적으로 부모에게 있지 않다는 전제 하에서 행동해야 한다. 어쨌든 부모는 노련한 교육자가 아니며 언제나 전통에 의존하며 아이들을 키운다. 아이들 때문에 학교로 불려오게 될 때, 부모들은 마치 죄인이 된 것 같은 느낌을 받는다. 이렇듯 학부모들이 아이 문제와 관련해 어느 정도 죄의식을 느끼고 있기 때문에, 선생은 학부모들을 최대한 노련하게 다룰 줄 알아야 한다. 따라서 그런 경우에는 부모가 죄인이 된 것 같은 기분을 느끼지 않고 편안하고 자유로운 기분을 느낄 수 있도록 분위기를 바꾸는 것이 가장 바람직하다. 말하자면 학부모가 선생을 아이 교육을 위한 보조자로 여기고 또 선의에서 선생을 의지할 수 있도록 만들어야 하는 것이다.

학부모를 나무랄 명백한 근거가 있을 때조차도 그렇게 해서는 안 된다. 선생이 학부모와의 사이에 일종의 협정 같은 것을 맺는 데 성공할 때, 그리고 부모가 태도를 바꾸고 개인 심리학의 방법에 따라서 선생과 함께 노력하도록 설득시킬 수 있을 때, 선생들은 훨씬 더 많은 것을 성취할 수 있다. 학부모들에게 과거에 아이들을 교육시키면서 저지른 잘못을 지적해봐야 아무 소용이 없다. 선생들이 지금 해야 할 일은 학부모들이 새로운 훈육 방법을 택하도록 만드는 것이다.

학부모들에게 이런저런 잘못을 저질렀다고 지적하면 그들의 기분만 상하게 만들 뿐이다. 또 부모에게서 아이 문제와 관련해 협력적인 태도를 끌어내기가 더욱 힘들어질 것이다. 대체로 보면 아이의 성격이 맑은 하늘 아래에서 아무런 이유없이 나빠지는 법은 없다. 거기에는 언제나 과거의 역사가 있다. 학교에 불려나오는 부모는 자신이 무엇인가를 간과했음에 틀림없다고 믿게 된다. 학부모에게 선생도 그런 식으로 생각하고 있다는 느낌을 갖게 해서는 절대로 안 된다. 그렇기 때문에 학부모에게 단언적으로나 독단적으로 말을 해서는 안 된다. 학부모에게 어떤 제안을 내놓을 때에도 권위적인 태도를 보여서는 안 된다. 문장은 언제나 "아마도" "이런 식도 괜찮을 거예요." "그럴 수도 있어요."라는 식으로 부드러워야 한다.

잘못이 어디에 있는지, 그리고 어떻게 하면 잘못을 바로잡을 수 있는지에 대해 정확히 알고 있을 때조차도, 선생은 학부모에게 마치 강요하듯이 그 같은 사실에 대해 퉁명스럽게 말해서는 절대로 안 된다. 모든 선생이 다 이런 요령을 터득하고 있지는 않다는 점은 말할 필요조차 없다. 벤저민 프랭클린(Benjamin Franklin)의 자서전에도 이와 똑같은 생각이 표현되고 있다는 사실이 흥미롭다. 프랭클린은 이렇게 쓰고 있다.

"퀘이커 교도인 어느 친구가 친절하게도 나에 관한 이야기를 많이 들려주었다. 내가 대체로 거만해 보이고, 대화 곳곳에서 자존심을 드러내고, 무슨 주제든 토론을 할 때에는 나 자신이 옳은 것으로 만족하지 못하고 위압적이고 무례해 보이기까지 한다는 지적이었다. 그 친구는 몇 가지 예를 통해서 나의 단점을 알려주었다. 그 일을 계기로 나는 친구가 지적한 단점을 치유하기로 마음을 먹었다. 지킬 것들을 적은 목록에 그로 인해 겸손이 더해지게 되었다. 동시에 나는 겸손이라는 단어의 의미를 크게 확장시켰다."

"나는 겸손이라는 미덕의 알맹이를 획득했다고 자랑할 수 없다. 단지 외양만 그럴 듯하게 겸손을 실천하는 것처럼 꾸밀 뿐이다. 나는 다른 사람들의 감정에 직접적으로 반하는 행동이면 무엇이든 삼가는 것을 원칙으로 삼았다. 동시에 단언도 삼가는 것을 원칙으로 삼았다. 심지어 나는 고착된 의견을 내포한 단어나 표현들을, 이를테면 '틀림없이'나 '절대로' 같은 단어를 사용하는 것을 스스로 금하고 있다. 대신에 이렇게 아니면 저렇게 생각한다거나, 이런 것으로 아니면 저런 것으로 알고 있다거나, 지금은 그런 것 같은데라는 식의 표현을 쓰고 있다. 다른 사람이 내가 판단하기에 실수처럼 보이는 것을 단언적으로 말할 때, 나는 그 사람의 의견에 반대하는 뜻을 퉁명스럽게 전하지도 않고 그의 의견에 담긴 모순을 즉각적으로 지적하지도 않는다. 그 사람의 의견에 대한 대답을 내놓을 때, 나는 이런저런 상황에서는 그의 의견이 맞을 수 있어도 지금의 예는 뭔가 다른 것 같다는 식의 관찰을 제시했다. 그렇게 하자 나는 태도 변화에 따른 이점을 금방 확인할 수 있었다. 다른 사람들과의 대화가 훨씬 더 부드럽게 이어졌던 것이다. 의견을 제시할 때의 겸손한 태도 때문인지 나의 의견이 보다 쉽게 받아들여지고 반대 의견이 적어졌다. 또 나의 의견이 틀렸을 때에도 창피한 생각이 덜 들었다. 또 어쩌다 나의 의견이 옳았을 때에는 다른 사람들이 자신의 실수를 인정하고 나의 의견을 지지하도록 설득하는 것도 한결 더 쉬워졌다."

이 말들이 삶의 모든 상황에 다 들어맞지 않는 것은 사실이다. 그러나 이 말들이 어느 상황에나 다 들어맞기를 기대할 수도 없고 또 그럴 필요도 없다. 그럼에도 불구하고, 프랭클린의 태도는 공격적인 반대가 얼마나 부적절하고 불행한 일인지를 잘 보여주고 있다. 모든 상황에 두루 통하는 삶의 근본적인 법칙 같은 것은 절대로 있을 수 없다. 모든 법칙은 어느 때까지 통하다가 갑자기 통하지 않게 된다. 물론 거친 단어가 유일한 선택인 그런 상황도 있다. 그러나 한쪽에 선생이 있고 다른 한쪽에 불안해하는 학부모가 있는 상황을 고려할 때, 프랭클린의 방법이 아이를 돕기 위해 채택할 수 있는, 유일하게 논리적인 방법이라는 것이 명백해진다. 아이 문제로 선생을 만나야 하는 학부모는 자식 때문에 이미 자존심을 많이 구긴 상태에서 또 다시 창피를 당해야 한다는 부담을 안고 있기 마련이다. 여기서 선생은 학부모의 협조 없이는 어떠한 것도 이루지 못한다는 사실도 고려해야 한다.

아이의 교육이 걸린 상황에서는 어느 한쪽이 옳다는 것을 증명하는 것은 전혀 아무런 의미를 지니지 못한다. 또 어느 한쪽의 우월을 입증해 보이는 것도 아무런 의미를 지니지 못한다. 오직 아이를 돕기 위해 부모와 선생이 밟을 길을 제대로 준비하는 것만 필요할 뿐이다. 그런 상황에선 당연히 어려움들이 많기 마련이다. 어떠한 제안도 듣기를 원하지 않는 부모들도 많다. 그들은 선생이 자신과 자기 아이를 불쾌한 상황에 처하게 만들었다는 이유로 놀라거나 분개하고, 또 인내심을 발휘하지 못하고 적의를 품는다. 그런 부모들은 대체로 보면 아이들의 잘못에 한동안 눈을 감으려고 노력하면서 현실을 도외시한 사람들이다. 그러던 그들의 눈이 갑자기 강제로 뜨이게 된 것이다. 그러하기에 문제 자체가 아주 불쾌하게 느껴질 수 있다. 그런 감정 상태에 있는 부모에게 퉁명스럽게 접근하거나 지나치게 의욕적으로 접근하는 선생은 부모를 설득시켜 자기편으로 끌어들일 기회를 놓칠 수도 있다.

이보다 더 심한 부모들도 있다. 선생을 만난 자리에서 분개의 말을 쏟아내면서 아예 선생이 부모에게 접근하는 것 자체를 막아 버리는 사람들이다. 그런 경우라면 선생은 부모에게 자신이 전적으로 부모의 도움에 의존하고 있다는 점을 보여주는 것이 바람직하다. 또 부모를 진정시켜서 선생과 우호적인 태도로 대화하는 단계로 끌어올리는 것이 바람직하다. 이때도 학부모들이 전통적인 교육 방식에 지나치게 얽매어 있어서 그 방식에서 쉽게 풀려나지 못하는 경우가 많다는 사실을 잊지 말아야 한다.

예를 들어보자. 어떤 아버지가 엄격한 말과 험상궂은 표정으로 아이를 낙담시켜 왔다면, 이 아버지가 오랜 세월 동안 그런 식으로 아이를 교육시켜 놓고는 어느 날 갑자기 아이에게 다정한 표정을 지으며 부드러운 어투로 말하는 것은 당연히 어려운 일이다. 만약 아버지가 아이를 대하는 태도를 돌연 180도 바꾼다면, 아이는 처음에 그 변화를 솔직한 것으로 받아들이지 않을 것이다. 아이는 우선 아버지의 변화를 속임수로 여길 것이다. 그런 다음에 부모의 변화된 태도에 대한 믿음을 서서히 키워갈 것이다. 매우 지적인 사람들도 절대로 예외가 아니다.

고등학교 교장의 예가 있다. 이 교장은 자기 아들에게 비판적인 말과 잔소리를 끊임없이 쏟아냄으로써 아이를 거의 정신쇠약의 단계까지 몰고 갔다. 교장은 우리와 나눈 대화를 통해서 이 같은 사실을 깨달았다. 그 길로 그는 집으로 가서 아들에게 자신을 반성하는 내용을 담아 훈계를 했다. 그런데 교장은 다시 분노하게 되었다. 이번에는 아들이 게으르게 군다는 이유에서였다. 아들이 아버지의 성에 차지 않는 짓을 할 때마다, 교장은 화가 머리끝까지 치밀어 올라 온갖 험한 말을 다 쏟아냈다. 교육자를 자처하는 사람에게도 이런 일이 일어날 수 있다는 점을 고려한다면, 아이는 매로 다스려야 한다는 고정관념에 사로잡힌 부모가 아이들을 어떻게 다룰 것인지 쉽게 짐작이 될 것이다. 부모와의 대화에는 선생이 알고 있는 모든 외교술과 재치가 다 동원되어야 한다.

아이를 체벌하면서 교육시키는 관습이 빈곤층에 널리 퍼져 있다는 사실도 명심해야 한다. 그렇기 때문에 빈곤층 자녀들은 선생과 상담을 끝내고 집에 돌아가서 부모의 체벌이 기다리고 있다는 사실을 깨닫게 된다. 아이들을 올바른 길로 이끌려는 선생들의 노력이 집에서 아이들을 함부로 다루는 현명하지 못한 부모들 때문에 물거품이 되어버리는 경우가 자주 있다는 사실은 슬픈 일이 아닐 수 없다. 그런 경우에 아이는 똑같은 잘못으로 이중으로 처벌을 받게 된다. 한 번의 처벌로도 충분한데 말이다.

이런 이중 처벌의 결과가 무서운 방향으로 나타나는 경우가 간혹 있다. 형편없는 성적표를 부모에게 보여줘야 하는 아이의 예를 보자. 아이는 매질이 무서워 성적표를 부모에게 보여주지 못한다. 이어 학교에서의 처벌이 무서워 무단결석을 한다. 그렇지 않으면 아이는 성적표에 부모의 사인을 위조한다. 우리는 이런 사실들을 간과해서도 안 되고 가볍게 여겨서도 안 된다. 언제나 아이를 환경 안에 있는 다양한 요소들과의 관계 속에서 보아야 한다. 선생은 스스로 다음과 같은 질문들을 던져 보아야 한다. 내가 지금 이걸 밀고 나갈 경우에 어떤 일이 벌어질까? 아이에게 어떤 영향을 미치게 될까? 그것이 아이에게 이로운 쪽으로 영향을 미칠 것이라고 자신 있게 말할 수 있는가? 아이가 그 부담을 충분히 견딜 수 있을 것이며, 또 거기서 건설적인 무엇인가를 배울 수 있을까?

아이와 어른은 곤경에 달리 반응한다. 그렇기 때문에 아이의 라이프스타일을 바로잡아주려고 노력할 때, 우리는 이로운 결과에 대해서도 확신을 품을 수 있어야 한다. 한마디로 말해, 아이의 재교육에는 최대한 조심스럽게 접근해야 한다. 아이들을 위한 교육과 재교육에 언제나 신중하게 객관적인 판단력을 바탕으로 임하는 사람은 자신의 노력의 결과를 자신 있게 예측할 수 있을 것이다. 아이를 교육시키는 일에는 실천과 용기가 근본적으로 필요하다. 또한 상황이 어떠하더라도 아이가 좌절하지 않도록 할 길은 언제나 있다는 확고한 믿음도 반드시 필요하다. 무엇보다, 한 시간이라도 더 빨리 시작하는 게 좋다는 말이 있다. 한 인간 존재를 하나의 통일체로 보고 또 징후들을 그 통일체의 일부로 보는 데 익숙한 사람은 징후들을 엄격한 기준에 맞춰 다스리는 데 익숙한 사람보다 아이를 훨씬 더 잘 도울 수 있을 것이다. 후자의 예를 든다면, 아이가 숙제를 해오지 않으면 당장 부모에게 가정통신문을 발송하는 그런 선생이 있다.

우리는 지금 아이들의 교육과 관련해 새로운 사상과 새로운 방법, 새로운 이해를 제시하는 그런 시대로 접어들고 있다. 과학은 낡은 관습과 전통을 폐지하고 있다. 우리가 지금 얻고 있는 지식은 선생에게 더 많은 책임을 지우고 있다. 그러나 그에 대한 보상으로 그 지식은 선생에게 아이들의 문제에 대한 이해력을 안겨주고 있다. 여기서 기억해야 할 중요한 사항은 이것이다. 어떤 한 가지 행동은 그 사람이 갖고 있는 전체로서의 성격과 별도로 떼어놓을 때에는 전혀 아무런 의미를 지니지 않는다는 사실이다. 그 사람이라는 인간 존재의 나머지와의 연결 속에서 연구할 때에만 그 행동에 대한 이해가 제대로 이뤄질 수 있는 것이다.